*Man kann schon dies und jenes lieben, aber sich bin-
den?*
Doch nur an sich selbst.

PROLOG

26. Geburtstag. Als Alice um 6 Uhr morgens aufwacht, brennt das Licht in der ganzen Wohnung und ihr noch voller Drink steht auf dem Nachttisch. Eine intensive Verzweiflung steigt in ihr hoch, "immer noch am Leben". Tränen. Der Küchenboden voller Glasscherben. Morgendliche Zigarette mit dem Drink vom Vorabend. In ihrem rosa Notizbuch liest sie ihre Liste, welche sie ein Jahr zuvor, am 25. Geburtstag, geschrieben hatte. Mehr Reisen, mehr Freunde treffen, mehr Bücher, Paragliding, eine Ballett-Aufführung und Museen besuchen, das Übliche auf der Bucket List. Been there, done that. Alles erlebt, nichts gefühlt. Sie tippt in die Googlesuche "Lebenserwartung Schweiz". Für das Jahr 2021 betrug diese für Frauen 85.7 Jahre und für Männer 81.6 Jahre. Ihre Eltern würden statistisch also noch ungefähr 11 bzw. 28 Jahre leben. Sie schrieb in ihr Notizbuch: "Ich beschliesse hiermit feierlich, dass ich mich umbringen werde, sobald meine Eltern tot sind". 28 Jahre! Dann würde sie 54 Jahre alt sein. Immerhin war das Abwerfen dieser Lebenslast absehbar. Trotzdem, 28 Jahre sind eine lange Zeit. Nochmals mehr als doppelt so viele Jahre, wie sie bereits geschafft hatte und in den 26 Jahren muss man doch bewusst erlebte Jahre von der weniger bewusst erlebten Kind- und Jugendzeit differenzieren. Depression mit Selbstverletzung seit dem zwölften Lebensjahr, Suizidversuch 15-jährig, zehnjähriges Jubiläum im November 2022. Jahre ohne den ständigen Begleiter, die Depression, gab es bislang nicht. Ob es eine Pflicht zum Leben gibt? Diese Frage hatte sie sich schon so oft gestellt und sie war es leid, weiter darüber nachzudenken.

Sie würde sich nicht umbringen, solange ihre Eltern noch lebten. Doch nach ihrem Tod schuldete sie niemandem mehr etwas. Ausser wenn sie im Alkoholrausch nicht mehr sich selbst war, dann wäre ein vorzeitiges Ende theoretisch denkbar. Genügend Schmerztabletten hätte sie, viele Male hat sie sie gezählt. Ihr Testament liegt auch bereit. Es könnte ihr eigentlich egal sein, da sie von ihrem Tod und der Trauer ihrer Mitmenschen nichts mitbekommen würde. Sie wusste, mit dem Suizidversuch hatte sie ihre Familie mit Schuldgefühlen traumatisiert und in grosse Angst versetzt. Indem sie ihrem Leben ein Ende setzen würde, würde die Nachricht lauten: "Ihr wart mir nicht genug wichtig, dass ich für euch weitergelebt habe". Berechtigt? Sind zehn Jahre Leiden und Kämpfen nicht Liebesbeweis genug? Ihre Mutter liebt Kinder, sie geht völlig darin auf. Wenn manche Kinder ein gestörtes Selbstvertrauen haben, weil sie ein "Unfall" waren oder sich nie wirklich gewollt fühlten, hatte Alice Glück gehabt. Seit Tag 1 wusste und spürte sie die Liebe ihrer Eltern, sie war ein gewolltes Wunder und eine Bereicherung für deren Leben.

Nach dem Austritt aus dem Krankenhaus nach ihrem Suizidversuch hatte sie beschlossen, ab nun eine perfekte Maske zu tragen und sich die Todesfrage nicht mehr zu stellen, Bis zum Tod ihrer Eltern würde sie es durchhalten und dann war Schluss.

Doch was sollte sie bis dahin mit sich und ihrem Leben anfangen? Sie hatte keine Ahnung. Sie hatte doch alles, was sich ein Mensch wünschen kann. Sie hatte liebevolle Eltern, eine tiefe Beziehung zu allen Familienmitgliedern, viele wahre Freunde, einen angesehenen Beruf, eine schöne Wohnung, lebte in einem sicheren Land. Sie hatte tiefe Liebe von Männern erlebt. Sie war schön und intelligent. Sie reiste fast monatlich in ein neues Land, verschlang Bücher, besuchte Ausstellungen und Aufführungen. Sie lebte intensiv und war an allem interessiert.

Die Welt erschien ihr an vielen Tagen wie ein grosses Mysterium, wie ein riesiges Puzzle, absolut faszinierend. Jedes Stück Wissen betrachtete sie als Puzzleteil und sie wollte möglichst viele Stücke sammeln und mit jedem Puzzleteil die Welt besser verstehen. Sie verlor sich in Gesichtern, Büchern und in Momenten, wenn sie etwas Neues lernte, dann fühlte sie sich inspiriert und wie verzaubert. An solchen Tagen machte das Leben Sinn. In solchen Momenten erschien ihr das Leben viel zu kurz, sie hatte gar nicht genug Zeit, für all die Gedanken, die sie denken wollte; all die Menschen, die sie treffen wollte und die sie noch kennenlernen würde; all die Bücher, die sie lesen wollte; all die Länder, die sie bereisen wollte; all die unterschiedlichsten Arbeitsstellen, in denen sie arbeiten wollte; all die Sprachen, die sie erlernen wollte. Sie nannte diesen Zustand omni. Dann fühlte sie sich absolut eins mit der Welt, wie es Hegel beschrieben hatte. Im Hochzustand war sie so präsent, jeder Mensch faszinierte sie. Wir alle tragen das gleiche Bewusstsein in uns, das Bewusstsein ist das Unsichtbare, unsere uns wirklich erscheinende Welt, die Realität, ist das Sichtbare. Und das Unsichtbare und Sichtbare durchflutet alles, alles ist eins. Sie erkannte sich in jedem Menschen, in jeder Information, in jedem Gespräch. Ich bin du und du bist ich. Jede Erfahrung liefert eine neue Information, die man auf sich selber bezieht und in ein Verhältnis stellt und dadurch etwas über sich selbst lernt. In solchen Momenten war sie verliebt in das Leben, konnte nicht genug davon kriegen. Jeder Tag könnte schliesslich der letzte sein. Vivamus, moriendum est! Sie denkt sich jeden Tag, wäre mein heutiger Tag der letzte gewesen, das wäre gut. Ich habe intensiv gelebt. Und wieso soll ein langes Leben besser als ein kurzes sein? Für einen selber ist es doch völlig irrelevant, vom Wunsch nach einem langen Leben muss man sich lösen, davon war sie überzeugt. Von äusseren Faktoren hatte sie sich in den letzten zehn

Jahren gelöst, sie hatte die komplette Ataraxie (Gleichmut) erreicht. Doch mit der Ataraxie kommt auch die Leere der Apathie.

Sie hatte ihre Lebenssinne konstruiert: Liebe, Neugier, Humor und Freiheit. Sie lebte für die Verbundenheit zu den Mitmenschen, für das unendliche Wissen, für die Ungewissheit der Zukunft, für die Selbsterkenntnis. Unerwartet öffnet sich immer wieder eine Türe und man kann nur neugierig und gespannt beobachten, wie sich alles fügt. Sie hatte Vertrauen ins Leben, in sich, sie war ihre eigene beste Freundin. Sie konnte sich immer auf sich selbst verlassen. Allein sterben? Kein schlimmer Gedanke, der Tod war ihr wie ein alter Freund. Sie strebte nach Selbsterkenntnis, "sich selber finden" ist Schwachsinn. Man hat sich nie abschliessend gefunden. Es ist ein nie abgeschlossener Prozess, denn man entwickelt sich stets weiter. Sie hatte also ihre Lebenssinne gefunden, doch die <u>eine</u> Antwort fand sie nicht. Was tun, wenn einem die Lebenssinne nicht lebenswert erschienen?
Vielleicht liegt Albert Camus richtig. Der absurde Mensch wird durch die Erkenntnis seiner Bedeutungslosigkeit aus seinem Hamsterrad voller Sorgen und Ziele erschüttert, wird in der Folge depressiv und schöpft schlussendlich aus dieser Absurdität seine Freiheit. Er erschafft sich Ziele und anerkennt gleichzeitig, dass diese Ziele völlig irrelevant sind und er ihnen gleichmütig gegenübersteht.

Sich an nichts binden, an keinen Menschen, keine Hoffnung, keine Erwartung, diesen Gemütszustand hatte sie erreicht. Nichts sollte ihre Autonomie einschränken, sie verteidigte ihre Freiheit wie ihr eigenes Leben. Doch mit dem Loslassen von externen Faktoren kam auch die Apathie. Alles und jeder bedeutungslos. Was ist schon Sinn? Der Sinn im Leben ist ein authentisches Leben, es gibt keinen universellen Sinn, jeder muss seinen eigenen finden. Alles längst ausgelutschte und alte Gedanken, die Erkenntnis hatte sie bereits mit 15 Jahren. Wie Sartre sagt, ist das Leben ein Spiel, wir können es selber entwerfen, wir sind die Regisseure, die Autoren, das Leben unsere Bühne und unser Spielplatz. Wir sind alle frei, wir haben nicht nur die Freiheit, sondern auch die Pflicht, unser Leben zu gestalten. Das Leben nahm Alice nicht ernst und es bedeutete ihr nichts, völlig wertlos, sie würde es sofort und dankend wegwerfen. Keiner hat je gefragt, ob sie leben will oder nicht. Das Leben wurde ihr angeworfen. Das Leben ist anstrengend.

Doch heute kann sie sagen: Je m'en fous (es ist mir egal).

DAS WICHTIGSTE VORAB

Das Wichtigste vorab: Ich bin nicht du, du bist nicht ich. Jetzt macht alles gleich viel mehr Sinn. Es gibt keine objektive Realität, es gibt nur meine, deine und 8 Milliarden andere Realitäten, unsere Wahrnehmung der Welt ist immer subjektiv. Wie ich die Wirklichkeit wahrnehme, kann komplett davon abweichen, wie du sie wahrnimmst. Sehe ich das gleiche Rot wie du? Meine Lebenserfahrung, meine Glaubenssätze und mein Selbstbild, kurz: mein Ich, ist ein ganz anderes als deines. Und keine Realität ist besser als die andere. Hören wir doch auf mit diesen ständigen Bewertungen, Annahmen und Unterstellungen.

Ich bin nicht du, du bist nicht ich. Das ist die Basis, von der wir ausgehen müssen.

MEINE SINNSUCHE

Warum schreibe ich? Vor zehn Jahren schien mir das Leben so unerträglich und ich hatte keine Ahnung, wie ich diese Last weiter tragen soll. Hätte mich jemand vor die Wahl gestellt, entweder weiterleben oder nie geboren worden zu sein, die Antwort war stets, ich wünschte, nie geboren worden zu sein. Das wäre auch heute noch die Antwort. Es fragt einen ja niemand, ob man geboren werden will, das Leben wird einem so angeworfen. Nach zehn Jahren Sinnessuche ziehe ich Bilanz, finde ich mein Leben nach zehn Jahren Sinnessuche heute lebenswerter?

Den ersten Sinn im Leben habe ich in der Liebe gefunden, familiäre Liebe, freundschaftliche, ja möglicherweise auch romantische Liebe. Denn wir machen einen Unterschied im Leben unserer Eltern, unserer Mitmenschen. Auch wenn es nur eine Freundlichkeit gegenüber einem Fremden ist, auch diese Begegnung zählt. Jeder Moment ist nur einmal da und dann für immer vorbei. Und wenn wir uns gegen das Leben entscheiden, wenn wir es uns nehmen, hinterlassen wir eine Leere in vielen anderen Leben. Schon allein deswegen sollte es sich doch lohnen, weiterzumachen. Doch nur leben, dahinvegetieren, allein den Mitmenschen zuliebe? Auch keine Lösung. Ausserdem frage ich mich oft, ob mir nicht alle Menschen egal sind. Nichts berührt mich, ich fühle mich wie ein gefühlstoter Roboter hinter einer Maske, in einer perfekt gespielten Rolle. Soziale Begegnungen strengen mich an und ich täusche Mitgefühl vor, wenn es mir nützt und nur weil ich gelernt habe, wann es angebracht ist. Leute zu trösten ist mir lästig. Ich bin ambivalent. Ist das wirklich so? Oder ist es ein Resultat meiner Maske, meiner Schutzmauer, mich durch nichts berühren zu lassen, um nie wieder verletzt zu werden und psychischen Schmerz zu fühlen?

Meinen zweiten Sinn fand ich im Wissen. Unsere Welt ist so komplex und voller unendlichem Wissen, wir können in einem Leben gar nicht alles erfahren und alle Zusammenhänge verstehen. Doch ich will versuchen, möglichst viel davon zu erfahren, neugierig zu sein und alles in mir aufzusaugen.

Humor: Ich nehme mein Leben und mich nicht ernst, doch ich nehme ernst, was ich in meinem Leben tue. Wenn ich etwas zu ernst nehme, erinnere ich mich an die Absurdität und erkenne, dass es eben doch nicht so wichtig ist.

Und mein vierter Sinn ist die Freiheit. Die Freiheit, sich selbst zu sein. Die Freiheit, mein Leben zu kreieren wie ich es wünsche, mein Inneres zu erforschen.

Ich hatte meine Lebenssinne gefunden, doch lebenswert fand ich sie nicht. Stets blieb die Frage: Wofür das Ganze? Wenn wir doch sowieso alle sterben, wieso die Mühe auf sich nehmen? Mein Leben hat für mich keinen Wert, es widerstrebt mir. Es bedeutet mir nichts, ich hänge nicht daran, ich stehe ihm indifferent gegenüber. Wäre ich morgen tot, fände ich das ganz genial. Geistig bin ich schon lange gestorben. Wofür lohnt es sich zu leben? Dafür, wofür man sterben würde. Aber ich würde für vieles sterben. Leben tue ich nur für meine Eltern.

Und jetzt? Ich versuche, das Beste daraus zu machen.

Ich habe meinen Frieden mit dem Leben geschlossen, ich sehe es gelassen. Es ist mir zwar immer noch egal, ob ich morgen sterbe oder nicht, ich bin mir meiner Kleinheit und Bedeutungslosigkeit bewusst. Diese bewerte ich aber nicht negativ, im Gegenteil: Wenn sowieso nichts eine Rolle spielt, kann ich ja alles tun, alles wagen, alles ausprobieren und muss nichts ernst nehmen, schliesslich kann mir nichts passieren. Am Ende ist alles, aber wirklich alles, irrelevant. Alles wird zum Nichts. "This world has no importance; once a man realizes that, he wins his freedom" (Albert Camus). Auf mein gesamtes Leben gesehen ist mein jetziger Job irrelevant, meine letzte Beziehung und der heutige Tag. Wenn wir am Schluss alle das gleiche Schicksal teilen, wieso nicht das Leben als Spiel sehen, es ist mein Experiment und ich habe alle Stricke in der Hand, ich bin die Architektin meines Lebens. Ich entscheide selbst.

Bis vor kurzem hatte ich immer wieder ganz schlimme depressive Episoden. Ich habe es kaum ausgehalten, am Leben sein zu müssen und war oftmals kurz davor, nun doch endlich eine Überdosis an Schmerzmitteln zu nehmen. Das Gefühl ist unbeschreiblich, man fühlt sich ohnmächtig, hilflos, verzweifelt, ausgeliefert, fremdbestimmt, denn man lebt ja für die Mitmenschen weiter. Dann habe ich mich gefragt, ob ich auf solche Episoden nicht auch anders reagieren könnte, nämlich sanft und ohne Widerstand. Ich könnte meinen Lebensüberdruss auch annehmen und willkommen heissen. Der Tod ist doch mein Freund, ich muss nicht traurig sein, dass ich noch nicht gehen darf. Ich kann ihm auf meinem Weg zu ihm von unten zuwinken, wenn ich ihn am Horizont auf mich wartend betrachte. Es ist okay, dass ich noch ein wenig weiterleben werde, ich habe mich ja schliesslich dazu entschieden. Es gibt ja auch immer wieder gute Momente, in denen ich das Leben liebe, auch wenn ich selbst in diesen Momenten mein Leben nicht lebenswert finde. Es kommen immer wieder andere Zeiten, alles geht vorbei. Alles ist gut so, wie es jetzt gerade ist. Das ist Glück. Ich leiste keinen Widerstand und habe Vertrauen in mich und das Leben. Schlussendlich steht mir der Freitod immer noch offen. Und wenn alles sinnlos ist, bin ich ein freier Mensch. Ich kann jeden Tag nutzen, wie es mir entspricht. Oder ich nutze ihn nicht, das ist auch egal, weil am Ende doch alles bedeutungslos ist.

DER RATIONALE VERSTAND IST EINE ILLUSION

Der wahre Sinn im Leben ist für mich die Selbsterkenntnis bzw. die Erforschung des Bewusstseins und das authentische, autonome Leben. Das habe ich realisiert, indem ich mich von der Philosophie faszinieren liess und anfing, mich, mein Handeln und meine Intentionen in jeder Hinsicht zu hinterfragen. Wie ein kleines nerviges Kind, das nach jeder Antwort weiterfragt: "Wieso?". Ich will die Welt verstehen und entschlüsseln.

Wie weiss ich, wann ich mein authentisches Ich bin? Ich fühle mich integer, wenn ich meinen Werten entsprechend handle, wenn ich in zwischenmenschlichen Interaktionen ich selbst, authentisch bin und mich nicht verstelle, keine Rolle spiele und keine Maske trage. Wenn ich entgegen meinen Prinzipien handle, löst das Widerstand und in der Folge gefühlten Stress in mir aus. Wenn ich mich als jemand anderen ausgebe, eine Rolle spiele, verkümmert mein Selbst. Doch was ist das Ich? Können wir das überhaupt jemals ganz herausfinden? Ich glaube nicht. Auch die Wissenschaft ist überfragt. Darum bleibt es spannend und es gibt immer Neues zu entdecken und lernen. Ich habe mich nach innen gewandt, der Rückzug in die innere Festung, mich abgewandt von externen Faktoren, ich habe alle Hoffnungen und Erwartungen losgelassen, ich liess alle Schiffe sinken. In mir selber, in meinem Inneren finde ich Wahrheit, finde ich Licht. Alles was ich im Leben brauche, ist bereits in mir vorhanden. Ich habe mich von allem unabhängig gemacht. Niemandes Präsenz oder Absenz stört meinen inneren Frieden. Relevant ist nur noch mein Inneres, das ist was am meisten zählt. Ich bin frei in jeder Entscheidung. Jede Sekunde, wie ich mich verhalte, wie ich reagiere auf gute Neuigkeiten, auf Enttäuschungen. Natürlich überkommt mich teilweise noch der Ego-Zustand, die Selbsterkenntnis ist ein stetiger und nie endender Prozess und ich beobachte mich dabei gerne. Ich bin zugleich beobachtendes Subjekt des Objekts, meines Ichs. Aber auch mein Ich muss ich nicht allzu ernst nehmen. Schliesslich ist mein Ich nur Resultat von unzähligen unterbewussten Faktoren, die ich nur versuchen kann zu entschlüsseln. Wie unsere grosse Welt ist auch das Ich zu komplex und ich habe akzeptiert, dass ich es nie ganz verstehen werde, versuchen tue ich es trotzdem (was soll ich sonst mit meinem Leben anfangen?). Bereits Sokrates hat richtig erkannt: Ein Leben, das nicht kritisch untersucht wird, ist ein wertloses Leben.

Bis jetzt verstehe ich, dass mein Ich beeinflusst wird von Folgendem: Meiner Erziehung, meiner Umgebung, meinen bisherigen Erfahrungen im Leben, meinen inneren Glaubenssätzen und Grundannahmen über die Wirklichkeit, meinen Wünschen, meinen Hoffnungen, meinem Selbstbild, meinem Menschenbild, meiner Bildung, der Resonanz meiner Mitmenschen, meinem Weltverständnis. Als identitätsstiftende Faktoren zu nennen sind überdies: Soziale Einbindung und Stellung, berufliche Stellung und Zufriedenheit, Heimat- und Aufenthaltsland, Hautfarbe, sexuelle Orientierung. Zudem sind wir biologische Wesen und ich bin Monistin, ich glaube nicht an eine strikte Trennung von Verstand und Körper. Vielmehr ist beides eins und meine Gedanken entstehen durch Gefühle, diese wiederum werden durch Empfindungen hervorgerufen. So funktioniert das Hirn. Spüre ich Kälte oder Schmerz, Müdigkeit, Hunger, kann das einen Einfluss auf meine Gedanken haben, woher soll ich wissen, welche Faktoren gerade wechselwirkend mein Denken beeinflussen? Ich habe versucht, diese Faktoren (neben dem soeben erläuterten Ich-Erleben) zu definieren, welche meine Stimmung beeinflussen könnten: Ernährung/Verdauung, Hormone (bei Frauen: der Zyklus), Schlaf und Träume, Bewegung, Natur/äussere Reize, Musik, aktueller Gesundheitszustand, soziale Interaktionen, Wetter, Bewegung. Wäre es möglich, alle diese Faktoren zu screenen, liesse sich möglicherweise berechnen und erklären, wieso ich mich gerade fühle wie ich mich fühle. Faszinierend. Davon ausgehend, dass meine Gefühle und Gedanken nur die Spitze des Eisbergs sind, die Mischung aus unzähligen gemischten, nicht voraussehbaren Faktoren, die unterbewussten Prozesse aber unentdeckt bleiben, fällt es mir leicht, meine Gedanken und mein Ich nicht allzu ernst zu nehmen. Mein Unterbewusstsein ist viel zu mächtig und der rationale Verstand, die Ratio, eine einzige Illusion. Ich mag die Metapher: mein Bewusstsein als der unendliche blaue Himmel, meine Gedanken die Wolken. Sie sind wie das Wetter, sie ziehen vorbei, sind nicht von Dauer und gehen vorüber, wenn ich sie nur vorbeiziehen lasse, als Beobachter meines Selbst. Wie soll ich mich und die Welt da überhaupt ernst nehmen? Wie soll ich meine Depression ernst nehmen? Ich lebe in der Ataraxie. Ich bin immer frei, meine Interpretation zu ändern, etwas anders zu bewerten, ich wähle meine Interpretation der Dinge und bin verantwortlich für meine Reaktion auf einen Gedanken. Ich kann einen Gedanken auch wie eine Wolke am Bewusstseinshimmel vorbeiziehen lassen und gar nicht auf ihn reagieren.

Was bringt der hochgelobte Verstand? Der Verstand hat nicht den Zweck, sondern nur das Potenzial, die Wirklichkeit differenziert zu erfassen. Der Zweck des Verstandes ist nicht die Logik, sondern unser Überleben, darum ist unser Denken auch so fehlerhaft und unvernünftig.

ICH BIN ALLES, ALLES IST ICH

Ich habe realisiert, dass alles eins ist, das Bewusstsein durchdringt alles, ich erkenne mich in allem und jedem wieder. Die Welt ist wie ein Puzzleteil und ich sammle die Teile in Form von Wissensstücken und setze sie zu einem Ganzen zusammen. In jeder Perspektive steckt ein Puzzleteil, in jeder Selbsterkenntnis, in jeder Begegnung. So gewinne ich durch jede Interaktion mit einem Menschen eine neue Perspektive auf die Realität, denn jeder hat eine andere, jeder ist ein anderes Ich, jeder hat eine Persönlichkeit, die sich formt aus seinem Unterbewusstsein: Seinen Erfahrungen, seinen Glaubenssätzen, seinem Selbstbild. Jeder hat einen anderen Verstand und einen anderen Körper. Wenn ich schon nicht verstehen kann, wie mein Ich funktioniert und woher mein Bewusstsein kommt, um wie viel unmöglicher ist das bei einem anderen Menschen? Und doch leben wir in einer derart bewertenden und urteilenden Gesellschaft, in welcher viele damit angeben, sie seien Menschenkenner und könnten einen Menschen entschlüsseln, nachdem sie ihn einige Sekunden beobachtet haben. Darüber kann ich nur den Kopf schütteln. Was sagt das Verhalten eines Menschen in einer konkreten Situation, zu einer konkreten Zeit in einer konkreten Stimmung aus? Rein gar nichts, wage ich zu behaupten. Und wenn schon, was geht es mich an? Mir fehlen zu viele Informationen, um mir ein Urteil zu bilden. Ich darf nicht den Fehler machen, meine Wissenslücken mit Mutmassungen und Unterstellungen zu füllen. Das wäre nicht fair und würde meinem Gegenüber und seiner Einzigartigkeit nicht gerecht. Leben und leben lassen.

Wenn ich nun mit einem Menschen interagiere, ein Gespräch führe, teilt er ein Stück seiner Realität mit mir. Je besser ich den Menschen kenne, desto eher kann ich mich in ihn einfühlen und seine Motive verstehen. Ich kann seine Perspektive auf das Leben oder auf eine konkrete Situation mit meiner eigenen vergleichen, womit ich wiederum eine Erkenntnis über mich selbst gewinne. Und jede neue Erkenntnis über mich, über einen Menschen, über die Welt gibt mir einen neuen Zusammenhang, ein neues Puzzlestück. Ich verstehe die Welt jeden Tag besser. Doch ich weiss, dass ich nichts weiss und nie alles wissen kann. Bücher sind für mich deswegen so wertvoll, weil ich auch dadurch eine neue Perspektive auf das Leben gewinne und diese wiederum auf mich selber beziehe und ins Verhältnis zu meinem bisherigen Weltbild setze. Ausserdem blicke ich in die Gedanken des Autors. Unser Bewusstsein ist ein Rätsel und es verzaubert mich. Wie ein entdeckendes, neugieriges Kind entdecke ich die Welt, dieses Experiment macht mir mittlerweile Spass. Ich habe viele Fragen, aber ich fühle mich immer öfter erleuchtet. Wenn ich mir bewusst mache, dass wir Menschen alle miteinander verbunden sind, dass die Frau im Bus mit mir das allumfassende Bewusstsein, dass uns alle verbindet, teilt, fühle ich mich zugleich mit ihr und der Welt zutiefst verbunden.

WOHER KOMMT DAS BEWUSST-SEIN?

Wenn ich etwas wahrnehme, empfinde, fühle oder denke, beziehe ich es immer auf meine Persönlichkeit (Bewusst- und Unterbewusstsein). Folglich ist jede Wahrnehmung, jede Empfindung, jedes Gefühl und jeder Gedanke subjektiv. In keinem zweiten Menschen löst die identische Erfahrung das Gleiche wie bei mir aus! Wie faszinierend ist das? Ich will gar nichts mehr anderes tun, als das zu untersuchen. Alles andere erscheint mir irrelevant und uninteressant. Ich will und muss mein Selbst erkennen. Wieso soll ich mich überhaupt noch mit was anderem befassen? Ich sehe die Menschen als Teil der Welt, ich will die Perspektive meiner Freunde und Mitmenschen ergründen, wie erfahren sie die Welt? Wie denken sie und wieso? Wie beziehen ihre Wahrnehmungen, Empfindungen, Gefühle und Gedanken auf sich selbst, welches Selbstbild, welche Erfahrungen und welche Glaubenssätze liegen ihrer Wahrnehmung zugrunde? Wie Kant sagte, das Bewusstsein ist wie der unergründliche Sternenhimmel. Bewusstsein ist Bezugnahme auf das Selbst. Ich will verstehen, wie das funktioniert. Den Einzelnen kann man nur in Bezug auf das Ganze verstehen, das Ganze nur mit Blick auf den Einzelnen.

Doch was weckt das Bewusstsein? Würde es auch in einem Baby geweckt, wenn die Menschheit komplett neu entstehen würde? Ist die Entstehung des Bewusstseins biologisch durch die Entwicklung des Gehirns vorgegeben oder war es ein zufällig entfachter Funke? Würde uns der Funke immer wieder eingehaucht? Wie erklären wir den Prozess von Wahrnehmung bis zum Gedanken? Das Bewusstsein ist das grösste Rätsel der Menschheit. In der Transzendentalphilosophie heisst es, alles Sein existiert nur im Bewusstsein. Ich kenne nur meine subjektive Realität, mehr von der Welt weiss ich nicht und kann ich nicht wissen.

Ich bin mir meines Selbst bewusst, also bin ich menschlich. Das unterscheidet mich von den Tieren. Ich existiere aber bereits, wenn ich noch nichts von mir weiss. Als Baby bin ich nur erfahrender, fühlender, unbewusster Körper. Irgendwann erwacht mein Bewusstsein. Die körperliche Erfahrung entzündet irgendwann den Funken in meinem Verstand, sendet das Empfundene an meine Neuronen. Die Wahrnehmung weckt ein Empfinden, dieses weckt ein Gefühl und mein Hirn interpretiert es und weckt einen Gedanken in mir. Was, wenn dieser Schritt des entzündeten Bewusstseins nie stattgefunden hätte? Würden wir wie Tiere leben?

Bereits bevor das Bewusstsein geweckt wird, existiert das komplexe Unterbewusstsein schon lange und definiert, wie wir die Welt interpretieren. Schon als Säugling erfahren wir Wohlbefinden, Selbstwirksamkeit, Schmerz, Liebe. Dann werden wir erzogen. Durch die Erziehung und Beziehung zu unseren Eltern entwickeln wir Glaubenssätze, Werte, unser Selbstbild. Wir erlernen gesellschaftliche und kulturelle Normen. Wir interagieren mit Klassenkameraden und Lehrern. Wie andere mit uns umgehen beziehen wir auf uns selbst, wie wir auf andere wirken, beeinflusst unser Selbstbild. Unser soziales Umfeld prägt uns, definiert teilweise, in welcher sozialen Schicht wir uns ein Leben lang befinden werden. Ich mache Erfahrungen, mache Fehler. Ich werde zum ersten Mal durch Noten bewertet, mein Selbstwert verändert sich. Andere Kinder können grausam sein. Mein

Äusseres wird positiv oder negativ bewertet. Ich gehöre dazu oder werde ausgeschlossen. Ich schaffe mir einen ersten Freundeskreis. Meine Eltern schenken mir positive Resonanz oder sie haben keine Zeit für mich und ich habe das Gefühl, nicht wichtig zu sein. Ich verliebe mich, ich habe meine erste Beziehung oder meine Liebe wird nicht erwidert. Ich erkenne, dass ich aufgrund meines Körpers bewertet werde, ich vergleiche mich mit anderen. Ich will verbunden sein, beliebt. Ich forme Gewohnheiten, finde Hobbies. Vielleicht zweifle ich an meinem Selbstwert oder ich werde in den Himmel hoch gelobt und entwickle ein übergrosses Ego. Hormone spielen verrückt. Mir fällt das Lernen leicht und die Schule macht Spass oder es fällt mir schwer, ich empfinde Angst vor Prüfungen und der Zukunft. Meine Leistung wird bewertet nach Noten und ich werde eingestuft. Ich soll mich nun für einen beruflichen Weg entscheiden. Ich kenne mich doch viel zu wenig, um zu wissen, in welchem Bereich ich für die nächsten 40-50 Jahre arbeiten will. Dieses Wissen wird mir auch nicht in der Schule vermittelt. Ich treffe also eine Entscheidung für ein Studium, das mich für die nächsten fünf Jahre bindet. Wie sind die finanziellen Verhältnisse meiner Eltern? Muss ich neben meinem Studium arbeiten? Habe ich mein Studium aufgrund von Jobaussichten und finanziellen Anreizen oder aus ehrlichem, intrinsischem Interesse gewählt? Ich habe mein Studium abgeschlossen und fühle mich erwachsener als je zuvor. Ich suche meinen ersten Job. Gehe ich nach meinen Interessen oder nach dem Lohn? Ich identifiziere mich mit meinem Job, doch ich könnte noch so viel anderes machen. Wie organisiere ich mein Leben? Opfere ich alle meine Zeit und Energie der Arbeit? Welchen Stellenwert hat Arbeit für mich? Will ich eine Karriere? Was bedeutet Erfolg für mich? Wie viel Freizeit brauche ich? Soll ich ausziehen? Die erste Wohnung, Selbstständigkeit und Autonomie. Ich erfahre zum ersten Mal, wie ich alleine lebe ohne Vorgaben und Regeln der Eltern. Ich lerne, mein eigenes Geld zu verwalten und was es heisst, komplett für seinen eigenen Unterhalt aufzukommen. Ich nehme das Leben ernster, erwache aus meiner unbeschwerten Blase, ich übernehme Verantwortung für mein Leben. Wie soll ich leben? Wie will ich leben?

DIE REALITÄT MEINES GEGEN- ÜBERS

Ich finde es total faszinierend, mich in die Realität meines Gegenübers hineinzuversetzen. Daher kann ich auch nachvollziehen, warum Menschen gerne Menschen beobachten. Mit dem Unterschied, dass ich niemals behaupten würde, Menschen lesen zu können und ihre Motive erraten zu können. Wir Menschen sind doch unberechenbar! Aus einer einzigen Momentaufnahme, einem einzigen Verhalten Charaktereigenschaften abzuleiten finde ich doch recht anmassend. Unser Hirn hat zwar das Bedürfnis, überall Kausalitäten und logische Schlüsse zu ziehen, aber jeder ist einzigartig und ich sehe in keinen anderen Kopf. Niemand kann Gedankenlesen. Es geht mich nichts an und mir fehlen Informationen für ein Urteil, weshalb ich darauf verzichte.

Im Gespräch mit einem Freund frage ich mich, wie war wohl sein Tag? Hat er sich heute gut gefühlt? Hatte er Schmerzen, wie steht es um seine Gesundheit und wie denkt er darüber? Was beschäftigt ihn aktuell? Hat er finanzielle Ängste? Ist er zufrieden und genügend gefordert und wertgeschätzt im Job? Welche Ziele verfolgt er gerade? Wie steht er zu seinen Freunden, hätte er gerne mehr Freunde, braucht er mehr Zeit allein? Welche Hobbies machen ihm Spass, hat er genug Zeit dafür? Was hat er heute getan, was ihm nicht Spass gemacht hat? Welche negativen Gedanken hat er heute gedacht? Was hat er sich gedacht, als er in den Spiegel schaute? In welchen Situationen hat er sich gestresst oder überfordert gefühlt? Lebt er seinen Werten entsprechend? Hat er seine Werte bewusst hinterfragt bzw. kennt er seine

Werte und ist sich bewusst, dass diese sein gesamtes Handeln beeinflussen? Woran hat er sich heute erinnert? Worauf hofft er? An welche Hoffnungen bindet er sich? Ist er glücklich in seiner Beziehung? Fühlt er sich verstanden? Woran möchte er an sich persönlich arbeiten? Welches sind seine privatesten verschlossensten Boxen? Was versteht er noch nicht über sich selbst? Wo täuscht er sich selbst? Wie war er als reines, unschuldiges Baby? Was hat er sich als Kind vom Leben erhofft? Welche Hoffnungen wurden enttäuscht? Was bereut er? Gibt es etwas, wofür er sich schämt? Wie steht er zu mir? Welchen Unterschied mache ich in seinem Leben?

Ich habe mir diese Fragen in Bezug auf jeden Menschen gestellt, der mir nahesteht und es hat mich inspiriert. Keine Ahnung, ob meine Gedanken zutreffend waren. Wahrscheinlich nicht. Ich stellte gleichwohl fest, dass uns alle oft die gleichen Themenkreise beschäftigen. Diese sind Gesundheit, Familie, Job, Freunde, Hobbies.

Diese Übung zeigt, dass wir nie wissen können, was im Gegenüber vorgeht, es fehlen uns zu viele Informationen. Was für mich gerade höchste Priorität hat, ist für den anderen komplett irrelevant. Dies müssen wir anerkennen und auf Lückenfüllung durch Mutmassungen und Unterstellungen verzichten. Jeder lebt in seiner eigenen Realität. Wir können dankbar sein, wenn er uns an seiner Realität teilhaben lässt und wir dadurch die Welt ein bisschen besser verstehen. Jeder will doch nur bedingungslos sich selber sein dürfen. Dieses Gefühl will ich meinen Mitmenschen geben. Sie sollen sich bei mir wohl und verstanden fühlen, mir alles sagen können ohne Angst vor Bewertung, sie sollen ihr authentisches Ich sein. Ich will jeden bedingungslos akzeptieren und ihm das Gefühl der Verbundenheit geben, mein Gegenüber soll sich von mir gesehen und verstanden fühlen.

WAHRHEIT

Was ist Wahrheit? Es gibt keine objektive Wahrheit und wir können wie die Solipsisten an allem zweifeln. Ich weiss nur, dass ich bin, weil ich denke und mir dessen bewusst bin. Vielleicht fehlt uns ja nur noch ein Sinn und die nächste Generation der Menschheit wird über den fehlenden Sinn verfügen, um die Wirklichkeit objektiv erfassen zu können. Unsere Wahrnehmung ist daher immer subjektiv und verzerrt, es gibt keine objektive Wahrheit. Wahrheit könnte aber auch als das definiert werden, was aufgrund der Erfahrung am wahrscheinlichsten ist. Brauchen wir den Vollbeweis, dass ein Glas immer zu Boden fällt und nicht nach oben fällt? Dieser Vollbeweis ist unmöglich.

WIE WIRKLICH IST DIE WIRK-LICHKEIT?

Unser Bewusstsein ist sehr beschränkt aufnahmefähig. Heute noch mehr als früher werden wir ständig von äusseren Eindrücken und Reizen überstimuliert. Alles schreit nach unserer Aufmerksamkeit und das Leben ist so schnelllebig, mir scheint es, ich kann gar nicht alle Eindrücke verarbeiten, das Tempo ist zu schnell. Ein Land nach dem anderen, ein Gespräch, ein Input nach dem anderen. Pausenlos. Wir setzen uns nicht bewusst hin und lassen die Eindrücke länger als ein paar Momente auf uns wirken. Der Alltag geht auch weiter. Dazu kommen noch Ablenkungen durch das Smartphone. Diese habe ich zwar minimiert, indem ich täglich meine Notifications ausschalte und meine Benachrichtigungen nur selektiv aktiviere, was ich übrigens jedem empfehle. Mein Umfeld weiss, dass ich auf Nachrichten innert 3-7 Tagen antworte, ausgenommen meine Familie oder es ist dringend.

Zur Überstimulation kommt unsere selektive Wahrnehmung, welche wiederum von meinem Ich abhängt. Weil für mich andere Dinge als für dich relevant sind, nehme ich diese stärker wahr als du. Mir fallen Dinge auf, die du mangels Relevanz für dein Leben und deine aktuelle Situation überhaupt nicht bemerkst. Wenn ich beispielsweise durch die Stadt renne, um das Tram zu erwischen, sehe ich nichts anderes als das Tram, meine volle Aufmerksamkeit gilt dem Ziel, die Haltestelle rechtzeitig zu erreichen. Dabei achte ich kaum auf meine Umgebung, meine Mitmenschen, Schaufenster, etc. Wenn du zur gleichen Zeit aber ohne Termine oder als Tourist durch die Stadt schlenderst, fallen dir die Gesichter und Läden auf, du blickst ganz anders auf die Welt.

Wie können wir die Wirklichkeit nicht nur selektiv, sondern vollständiger (sie vollständig wahrzunehmen ist wohl unmöglich) wahrnehmen? Unser Hirn kann gar nicht alles aufnehmen, automatisch filtert unser Unterbewusstsein scheinbar Relevantes und wir nehmen nur das wahr, alles andere bleibt uns verborgen. Selbstverständlich ist das evolutionär sinnvoll so, der Mensch filtert seine Umwelt nach möglichen Gefahren, obwohl heute solche kaum mehr existieren (zumindest in meinem privilegierten Land nicht). Ich will mehr von der Welt! Ich will meine Aufmerksamkeit mehr auf Dinge richten, die ich sonst nur unterbewusst wahrnehme. Ich will Eindrücke aus neuen Ländern, Begegnungen und Gespräche in Erinnerung ein zweites, drittes Mal nochmal erleben. Warum? Weil ich das Gefühl habe, ich verpasse so viel Schönes und auch zwischenmenschlich könnte ich aus den spannenden Mikroreaktionen meines Gegenübers viel mehr rauslesen, als wenn ich nur halb zuhöre und während des Gesprächs parallel noch mit meinen eigenen Gedanken beschäftigt bin. Unterbewusst wird zwar viel mehr wahrgenommen, aber nur selten findet das unterbewusst Wahrgenommene seinen Weg in unser Bewusstsein. Möglicherweise könnte eine Möglichkeit zur Steigerung der Wirklichkeitswahrnehmung darin bestehen, mit all unseren Sinnen völlig im Jetzt zu sein. Handy weg, Gedanken aus, wie ein Kind staunend umherschauen. Ich sage mir dann: "Meine jetzige Aktivität verdient meine volle, neugierige Aufmerksamkeit". Ich leere meinen Verstand und öffne ihn. Und ich werde belohnt. Ich bemerke auf dem Heimweg jedes Mal Dinge, die mir nach dem 100. Mal nicht aufgefallen sind. Und ich entdecke neue Details im Gesicht meines Vaters, ich nehme bewusst die Kleidung meiner Mutter wahr. Ich beobachte ihr Zögern, ob ihre Augen mitlachen, wenn ihr Mund lacht. Was uns normalerweise verborgen bleibt, kann plötzlich magisch auf uns wirken. Und um diese Magie zu sehen, müssen wir nur unsere Augen öffnen, unseren Verstand leeren und unsere Aufmerksamkeit ungeteilt auf das Jetzt richten.

HIERARCHIE DES WISSENS

Gibt es besseres Wissen von den drei Kategorien oder sind alle gleichwertig? Um sie nochmals zu nennen: Selbsterkenntnis, Erkenntnis im Gegenüber und Weltwissen.

Am besten fühle ich mich in meiner eigenen Frequenz und ohne Verpflichtung, mich auf andere Bedürfnisse und Erwartungen einlassen zu müssen, dann bin ich am meisten bei mir. Am inspiriertesten fühle ich mich in meiner eigenen inneren Festung, die Selbsterkenntnis kann für mich durch nichts übertroffen werden. Man kann sich mit Menschen nur in dem Masse verbinden, in dem sie mit sich selber verbunden sind. Intensiv werde ich auch durch das Weltwissen inspiriert, durch Bücher, Erfahrungen und Zusammenhänge in der Welt. Von den drei, die mich alle inspirieren und faszinieren, kommt an dritter Stelle die Erkenntnis durch Interaktion mit dem Gegenüber. Die soziale Interaktion hat zwar noch den Vorteil, dass wir durch sie Bindungen pflegen, jedoch habe ich bislang wenige Menschen getroffen, deren Denken ich spannender finde als mein eigenes oder das Denken eines Schriftstellers, dessen Buch ich gerade lese. Aus dieser Hierarchie schliesse ich, dass ich meine Zeit am liebsten alleine verbringe, dann damit, mir mehr Wissen über die Welt zu verschaffen, sei dies durch Bücher, Reisen, Erlebnisse, etc. Und als letzte (immer noch hohe) Priorität verbringe ich meine Zeit damit, mich mit meinem Gegenüber auseinanderzusetzen. Mein Leben ist gar nicht lange genug, um alles zu entdecken und daher muss ich Prioritäten setzen. Die Balance gelingt mir gut, obwohl ich oftmals in Betracht ziehe, mich von allen

Menschen sozial komplett zu isolieren und dabei der glücklichste Mensch zu sein. Auf Dauer würde das aber wohl nicht aufgehen, jeder Mensch sehnt sich irgendwann nach menschlicher Verbundenheit. Das ist es ja, was uns menschlich macht. Verbundenheit ist die Essenz der Existenz.

WIRKUNG DES NONVERBALEN
AUF UNSER UNTERBEWUSSTSEIN

Ich finde es beachtenswert, wie stark uns die Stimme, die Mimik, der Gang, die Körpersprache und das Aussehen einer Person unterbewusst beeinflussen, ohne dass wir das gross verhindern können, wir können uns dessen nur bewusst werden und Vorurteile durch das Bewusstsein korrigieren, indem wir nicht so voreingenommen sind. Trägt jemand schlampige Kleidung, rechne ich ihm weniger Erfolg als einem Anzugsträger zu. Ebenso einer Frau mit ungepflegten Haaren gegenüber einer frisch frisierten Frau. Einer fitten Frau ordnet die Gesellschaft Disziplin zu, einer dicken tendenziell eher Faulheit. Mag ich den Klang der Stimme meines Gegenübers, finde ich die Person gleich attraktiver, sympathischer oder umgekehrt nerviger, langweiliger. Aus der Gangart können wir Motivation, Entschlossenheit oder Trägheit lesen. Das Nonverbale verrät (vermeintlich) so viel über das Gegenüber. Auch die Mikroreaktionen in der Mimik verraten, wie sich die Person gerade fühlt. Korreliert die Körpersprache nicht mit dem Gesagten, löst das in uns ein Gefühl von Inkonsistenz aus, oft können wir gar nicht genau sagen, warum wir ein schlechtes Bauchgefühl haben. Aber wir sollten vorsichtig sein, jemanden aufgrund seiner Kleidung, seines Auftretens, allgemein aufgrund des Äusseren und sowieso in seinem ganzen Sein in eine Schublade zu stecken. Wir sind doch alle Menschen und worauf es eigentlich ankommen sollte, ist der innere Feuerball (dazu später mehr), die inneren Absichten. Wenn diese gut sind, sollte der Rest egal sein. Daher versuche ich, nicht über meine Mitmenschen zu urteilen und die

Fehlschlüsse meines Unterbewusstseins abzufangen und zu hinterfragen, das macht mich zu einem offeneren und toleranteren Menschen. Man weiss nämlich nie, was ein Mensch gerade durchmacht. Ob er gerade eine Diagnose erhalten oder einen geliebten Menschen verloren hat. Wenn ich zur Kritik tendiere, erinnere ich mich daran, weicher zu werden. Nur das Individuum sieht die Welt mit eigenen Augen, seine Realität ist einzigartig! Darum lasst uns freundlich zueinander sein, einfach weil es sich schöner anfühlt, als übereinander zu urteilen. Freundliche Gedanken über unsere Mitmenschen zu denken hat auch einen positiven Einfluss auf unsere eigenen unterbewussten Gedanken über uns selbst. Und noch was: Die meisten Menschen geben erfahrene Freundlichkeit zurück.

FEUERBALL

Ich sehe mich und jeden Menschen als Feuerball. Wenn das Ich ein Zusammenspiel zwischen meinem Inneren und Äusseren ist, mein Inneres meine Persönlichkeit, also mein Bewusst- und Unterbewusstsein, ist der Feuerball die Persönlichkeit. Das, worauf es wirklich ankommt. Wir sollten uns von allen Äusserlichkeiten lösen und uns alle als Feuerbälle verstehen, der Feuerball bleibt übrig, wenn wir keine körperlichen Wesen wären, wenn wir unseren Körper vom Ich subtrahieren würden. Indem ich meinem Spiegelbild entgegenblicke, erfahre ich eine Entfremdung. Ich verfüge vermeintlich frei über meinen Körper, obwohl er mir gar nicht, zumindest nie vollständig, gehört. Weil wir alle sterben, ist er nie vollständig mein Eigen. Obwohl ich nichts für mein Äusseres kann, identifiziere ich mich mit meinem Körper. Gleichzeitig bin ich mir bewusst, dass mein Feuerball, mein Inneres, das einzig Relevante ist. Wenn ich mich mit jemandem verbunden fühle, verbinden sich die Strahlen unserer Feuerbälle. Das weltliche Bewusstsein, das Unsichtbare brennt in jedem von uns und wir sind alle verbunden. Indem wir uns mit Menschen verbinden, Freundschaften pflegen, werden diese Feuerstränge stabiler und stärker. Da der Feuerball bei jedem gleich aussieht, macht er uns frei von Bewertung. Das hätte zur Konsequenz, dass wohl die meisten Menschen in anderen Beziehungen wären. Und wenn wir diesen Gedanken bis zum Ende durchdenken, würden wir bei der Partnerwahl nicht primär oder als erstes auf das Äussere achten. Doch wir sind nunmal nicht nur unser Inneres, sondern auch körperliche Wesen. Auch ich schaue bei der

Partnerwahl auf das Äussere, aber ich versuche, dem weniger Wert zuzumessen und auch Menschen eine Chance zu geben, die mich im ersten Augenblick äusserlich nicht besonders ansprechen. Wenn ich zu sehr auf das Erscheinungsbild fokussiert bin, könnte mir entgehen, was für ein bezaubernder Feuerball in ihm lebt. Wie viele Männer habe ich schon abgelehnt, nur weil mir sein Äusseres nicht entsprach? Eigentlich schade, wer kann schon viel für seine Attraktivität?

Mit dem Tod wird der Körper zum Ding, zur Sache, die Leiche wird abtransportiert, verbrannt oder vergraben. Sollen wir uns von unserem Körper loslösen? Beeinflusst er uns negativ? Ich würde sagen ja und nein. Wir sollten uns auf keinen Fall von unserem Körper entfremden, er ist ja Teil unseres Ichs. Vielmehr sollten wir versuchen, achtsam zu sein, unseren Körper bejahen und uns bewusst werden, dass körperliche Empfindungen unsere Gedanken und Gefühle, unser Verhalten und unser Ich-Erleben beeinflussen. Der Körper ist die Verbindung des Inneren zur äusseren Wirklichkeit, über ihn nehme ich meine Umwelt wahr. Früher habe ich mir gewünscht, ich hätte keinen Körper, es war mir lästig, mich um seine Bedürfnisse zu kümmern. Nahrung, Toilettengang, Kälte, Schmerzen, etc. Doch was bringt mir diese Ablehnung und Entfremdung? Sie ändert nichts an der Tatsache, dass ich einen Körper habe und schadet zudem meiner Selbsterkenntnis. Ich habe anerkannt, dass mein Körper genauso wie mein Verstand zu mir gehört und er ist für mich zur weiteren sprudelnden Quelle der Selbsterkenntnis geworden.

MEIN FREUND DER TOD

Ich versuche, jeden Tag so zu leben, als könnte es mein letzter sein. Das ist natürlich nicht absolut zu verstehen. Jeder muss sich im System einfügen, Geld verdienen, welches einen gewissen Lebensstandard ermöglicht, etc. Ich frage mich immer wieder, fühle ich mich meinem morgigen oder meinem heutigen Ich mehr verpflichtet? Es gilt, eine gesunde Balance zu finden zwischen momentaner Befriedigung und längerfristigen Zielen.
Der Tod macht mir keine Angst und er geht mich auch nichts an. Wie Epikur sagte: Wenn wir sind, ist der Tod nicht, wenn er da ist, sind wir nicht mehr. Der Tod ist natürlich und gehört zum Leben dazu, wir alle sterben und das ist auch gut so. Würden wir unsterblich sein, könnten wir alles ewig aufschieben, unsere Sterblichkeit gibt dem Leben einerseits eine bittere Süsse, andererseits eine tiefe Sinnlosigkeit. Diese Absurdität muss gemäss Camus ausgehalten werden. Aber die meisten Menschen bleiben in Phase 1 stecken, im Hamsterrad, sie lenken sich ab von dieser Tatsache und füllen ihr Leben mit unbedeutenden Ablenkungen, verlieren das Wesentliche aus den Augen. Ich möchte jeden Tag so verbringen, dass es für mich in Ordnung wäre, wenn es der letzte gewesen ist. Mich nicht aufregen und meinen Mitmenschen meine Wertschätzung ausdrücken. Wenn ich morgen tot bin, kriegen die Dinge einen völlig neuen Stellenwert, alles relativiert sich und man fragt sich, soll ich mir dieses oder jenes wirklich antun? Auf vieles können wir getrost verzichten. Oft fühle ich mich wie eine 80-Jährige und denke mir, dass ich zu alt bin für Dinge, die mir ein schlechtes Gefühl geben, die mir keinen Mehrwert

geben und die nicht meinen Werten entsprechen. Ich versuche, immer meinen Werten entsprechend zu handeln. Herausgefiltert habe ich die folgenden: Liebe, Wissen, Humor, Freiheit, Selbsterkenntnis und die Ungewissheit der Zukunft. Sekundäre Werte sind Inspiration und Vergnügen. Notwendige Werte, die wohl jeden Menschen was angehen, gewissermassen nicht ignoriert werden können, sind Gesundheit, häusliches Wohlbefinden (z.B. Putzen, Waschen, Kochen, Essen). So sage ich mir, du putzt zwar nicht gerne, du verwirklichst aber damit den Wert, dich in deinem Zuhause wohlzufühlen. Die Tätigkeit des Putzens verbinde ich mit etwas Angenehmem wie Wissenserweiterung. Ich konzentriere mich dann auf die Tätigkeit, bin im Jetzt, ohne daran zu denken, wie ich überhaupt keine Lust darauf habe, sondern es ist gerade gut so in diesem Moment. Wenn ich putze, putze ich.

WAS IST GLÜCK?

Wahres Glück ist für mich das Ja sagen zu jeder Situation, so wie sie gerade ist. Der absurde Mensch weiss, dass alles gleichgültig ist. Im Jetzt leben, nicht in der Zukunft oder der Vergangenheit. Das Jetzt ist alles was wir haben, alles was zählt. Wenn ich Widerstand leiste, tut das meinem Körper nicht gut, er spannt sich an. Vielmehr akzeptiere und anerkenne ich, dass ich in der aktuellen Situation bin durch Umstände, die meinen aktuellen Fähigkeiten, Entscheidungen und meiner Lebenseinstellung entsprechen. Darum muss ich nichts bereuen. Ich handle stets nach bestem Gewissen. Vielleicht wäre ich gerne an einem zukünftigen Punkt, hätte ein Problem schon gelöst, einen Erfolg bereits erreicht. Der Weg ist das Ziel, nicht das Ziel selber. Ich weiss schon, das klingt kitschig. Wir dürfen jeden Schritt auf dem Weg geniessen und auch Dinge tun, nur UM sie zu tun und nicht, um ein übergeordnetes Ziel zu erreichen. Und wenn wir das Ziel erreichen, sollen wir es geniessen und nicht gleich dem nächsten nacheifern. Und ich vertraue in mich und in das Leben, dass alles so kommt wie es soll und sich fügt. Nein, ich glaube nicht an Schicksal, aber das Leben kann man nicht planen. Ich muss keinen Widerstand leisten, sondern nehme jede sich mir präsentierende Situation an. Zwar kann ich nicht beeinflussen, was mir im Leben passiert, ob ein mir nahestehender Mensch stirbt oder krank wird. Was ich immer kontrollieren kann, ist meine Reaktion. Daher ist es auch meine Verantwortung, wie ich ein Ereignis bewerte. Ich trage Verantwortung für mein Inneres, das Äussere geht mich nichts an und da ich es nicht beeinflussen kann, soll ich es auch nicht werten. Diese Freiheit ist doch wunderbar! Alles Licht und alle Wahrheit liegen in mir drin. Ich kann mich dazu entscheiden, nichts ernst zu nehmen. Die einzige Relevanz, die eine Sache hat, bestimmt meine Aufmerksamkeit darauf. Wenn ich einem Geschehnis keine Aufmerksamkeit schenke, verliert es jegliche Relevanz. In dieser Freiheit, diesem Loslassen, liegt für mich der erstrebenswerteste Gemütszustand der höchsten Gelassenheit, der Ataraxie.

REGNOSE UND WAS ICH GERNE FRÜHER GEWUSST HÄTTE

Was würde mein 80-jähriges Ich zu mir sagen? Wohl: "Ich bin froh, jetzt genau an diesem Punkt im Leben zu sein." Jedenfalls will ich sagen, dass ich mein Leben gewählt habe und nicht, dass ich mich damit abgefunden habe.

Gewisse Dinge hätte ich früher erkennen können, aber ich verzeihe mir, ich habe meinen damaligen Glaubenssätzen, meiner Erfahrung und meinem Selbstbild, meinem Unterbewusstsein entsprechend gehandelt, soweit ich überhaupt einen freien Willen habe. Mein Studium und eine Karriere anzustreben war die richtige Entscheidung. Ich bin dankbar für meine Entscheidung, mich sterilisieren zu lassen, ich will keine Kompromisse eingehen, keine Rücksicht nehmen, keine Verantwortung übernehmen, nichts hinterlassen. Den Wert von Familie habe ich früh erkannt, das ist gut. Ich hätte mich während meinen depressiven Phasen nicht so isolieren müssen, ich kannte den Wert von Gesprächen nicht, denn auch schwach sein ist in Ordnung, das verbindet. Ich hatte eine negative Einstellung Menschen gegenüber, habe mich über sie gestellt, dachte, ich sei etwas Besseres. Heute bin ich offen, ich kann von jedem was lernen, bin bescheidener. Jeder weiss und kann etwas besser als ich. Für vieles (für das meiste in meinem Leben) kann ich nichts, bin privilegiert. Menschen meinen es meistens gut mit einem. Sich weniger Sorgen machen, mehr Vertrauen in das Leben haben. Ich war depressiv, das Wissen, dass nichts eine Rolle spielt, hätte ich gern früher erlangt, dann hätte ich meinen Eltern und Mitmenschen

Leid erspart. Meine heutige Gelassenheit hätte mir viel erspart, ich hätte mich nicht an Menschen rächen müssen und damit Lebenszeit verschwendet. Ich habe Beziehungen geführt, die mir nichts bedeuteten, mit Männern, die ich nicht liebte. Ich habe mich verstellt, war zu wenig ich selbst, habe mich von gesellschaftlichen Normen trügen lassen. Heute basieren meine Handlungen auf Freiwilligkeit. Ich hätte mich gern früher von meinem Ego gelöst, was jemand mir antut, hat nichts mit mir zu tun, sondern mit der Person und ihrem eigenen Kampf, das geht mich nichts an und ich muss es nicht persönlich nehmen. Ich hätte nicht so viel Wert auf Aussehen und Selbstoptimierung legen sollen. Äussere Bestätigung von Männern nicht so hoch gewichten, mir selbst Zeugin zu sein, Beziehung nicht so einen hohen Stellenwert geben, mich nicht selber hassen, mehr Selbstliebe haben. Der Welt nicht so negativ gegenüberstehen. Ja zum Jetzt sagen, nicht Widerstand leisten. Neugierig sein und Neues ausprobieren, die verzauberte Welt mit Kinderaugen sehen, mir Wissen aneignen, früher Philosophie lesen, mehr über mich lernen, mich mehr hinterfragen. Mich früher selber kontrollieren, meine Gefühle, meine Affekte. Gefühle zulassen, verletzlicher und empathischer sein. Vertrauen darf man haben, solange kein Grund für Misstrauen gegeben wird. Weniger Zeit für Dates aufbringen, Dating ist so anstrengend, wieso sind alle so fokussiert darauf, eine Beziehung zu haben? Ich präferiere meine eigene Gesellschaft bis mich jemand mindestens in gleichem Masse inspiriert wie ich mich selbst. Mehr im Moment leben, Zeit nicht verschwenden mit Unwesentlichem. Das Leben nicht so ernst nehmen, mein freundschaftlicher Umgang mit dem Tod, die Ataraxie. Mehr meinen Selbstwert kennen, meine Grenzen und meine Autonomie besser schützen. Heute bin ich froh, diese Erkenntnisse mit 26 Jahren schon zu haben.

Meinem guten und zufriedenen Leben steht nichts mehr im Weg.

WARUM IST EIN LANGES LEBEN ERSTREBENSWERTER ALS EIN KURZES?

Wieso ist es gut, lange zu leben? Es spielt doch gar keine Rolle, ob ich 30 oder 80 Jahre alt werde? Für mich ist das irrelevant, wenn ich tot bin, kriege ich davon nichts mit. Nur meine Mitmenschen betrifft mein Tod. Doch sie sollen nicht traurig sein, denn ich lebe mein Leben intensiv und in vollen Zügen, ich bin glücklich und ich wünsche mir, dass sie mit Dankbarkeit an unsere geteilten Erlebnisse zurückdenken. Eine verkürzte Lebensdauer führt nur zu weniger Erinnerungen, weniger Austausch, weniger Kennenlernen, weniger Verständnis für die Realität und Perspektive des Gegenübers. Wir verlieren die Inspiration, die Liebe und den Trost, den uns der gestorbene Mensch geschenkt hat. Ein kürzeres Leben muss aber nicht heissen, dass man sich einander weniger verbunden gefühlt hat.

Ich fühle anderen gegenüber keine Verpflichtung, gesund zu leben. Als freier (und kinderloser) Mensch schulde ich niemandem was, auch nicht meinen Mitmenschen. Eine Verpflichtung, möglichst lange zu leben, das ginge mir zu weit.

TOD DER ELTERN

Die für mich allerschwierigste Frage ist, wie ich auf den Tod meiner Eltern reagieren werde. Werde ich mich alleine fühlen in dieser grossen Welt? Solange die Eltern noch leben, hat man immer eine Sicherheit, es gibt da jemanden, der mich bedingungslos liebt und akzeptiert wie ich bin, auf den ich mich immer verlassen kann, dem ich wichtig bin und der alles stehen und liegen lassen würde, wenn ich ihn brauche. Mit dem Tod der Eltern fällt diese Sicherheit und Stabilität weg. Ich hoffe sehr, meine Eltern leben noch ganz lange und bleiben gesund. Doch ihr Tod ist unvermeidbar und wenn sie irgendwann sterben, werde ich dankbar sein mit der Gewissheit, so viel Zeit wie möglich mit ihnen verbracht zu haben und ihnen stets meine Wertschätzung gezeigt zu haben. Sie wissen, dass ich für sie lebe und sie alles für mich sind. Sie sind so ziemlich das Einzige, was mich bewegt. Und auch nach ihrem Tod wird mich ihre bedingungslose Liebe und die Erinnerung an sie im Herzen immer begleiten. Ich kann daran festhalten, solange ich will.
Ich habe gute Freunde. Ich weiss, dass ich mich auf meine beste Freundin genauso wie auf meine Eltern verlassen kann, ich bin nicht allein. Und das Wichtigste: Ich habe mich selber. Ich kann den Tod meiner Eltern überleben.

DER TOD MEINER MITMENSCHEN

Sollen wir den Tod eines nahestehenden Menschen be-
dauern? Gewiss, wir hätten gerne mehr gemeinsame
Zeit gehabt, den Menschen noch besser erfasst und uns
durch seine Gesellschaft weniger allein in der Welt gefühlt. Doch können wir den Tod auch anders bewerten?
Schlussendlich gehört er ebenfalls zum Leben. Können
wir nicht auch dazu Ja sagen? Vermeiden können wir
den Tod nicht. Wir können nur im Hier und Jetzt das
Beste aus der Verbindung zu diesem Menschen machen,
ihm sagen, wie viel er uns bedeutet, uns Zeit für ihn nehmen, ihm zuhören, Zeit und Aufmerksamkeit sind unbe-
zahlbar. Und wenn die Person stirbt, können wir dankbar
sein für die Zeit, die uns geschenkt wurde, dafür was wir
voneinander lernen durften. Der Verstand, die Realität
des anderen bleibt uns gewissermassen erhalten. Wir
können uns fragen, was Person X wohl dazu gesagt
hätte. Und so bleibt uns zumindest die Persönlichkeit des
anderen irgendwie erhalten, das ist ein tröstlicher Gedanke. Und die Liebe, die ich für den Menschen empfinde, schwindet nicht und so bleibt er in meinem Herzen
lebendig. Daran kann ich mich festhalten, solange ich
will.

DER TOD

Was ist der Tod? Wir sind nur Tiere, der Tod ist völlig natürlich und gehört zum Leben, wieso machen wir ein riesen Ding daraus? Nur weil jemand mal gesagt hat, wir kommen danach in den Himmel? Es kann zwar niemand wissen, doch am wahrscheinlichsten ist es für mich, dass wir aus dem Nichts bzw. aus Zellen entstehen und wieder zu Nichts werden, das ist der natürliche Kreislauf der Welt, ohne Himmel und ohne Wiedergeburt, Wiedergeburt nur insofern, als dass alles zusammenhängt und ein ewiger Kreislauf ist. Der Tod ist nur das Ende des Anfangs, schon mit der Geburt sterben die Zellen ab, welche sich nicht in gleichem Tempo regenerieren können. Der Tod ist die einzige Gewissheit und im Angesicht des Todes erscheint alles menschliche Streben lächerlich. Es gibt keine Seele, wir sind Körper und Verstand zugleich und wenn wir sterben, stirbt beides gleichermassen. Der Körper wird zum Ding und der Verstand erlöscht mit dem Tod. Körper und Verstand sind untrennbar miteinander verbunden, unser Unterbewusstsein steuert ja unsere Körperfunktionen, wie soll es möglich sein, dass der Verstand den dinglichen Körper überlebt? Nur weil wir den Verstand (noch) nicht verstehen? Es gibt bestimmt eine Erklärung für alles, der Mensch ist nur nicht genug weit, um ihn erklären zu können. Das ist doch völlig in Ordnung. Wieso muss Mensch immer für alles eine Erklärung haben? Reicht es nicht zu wissen, dass wir alle sterben werden? Denn dies ist gewiss, keiner entkommt dem Tod. Eigentlich ist es doch völlig irrelevant, was nach dem Tod kommt. Ich fühle mich von dieser Frage nicht

sehr betroffen, lediglich das Nachdenken darüber fasziniert mich.

Wenden wir uns doch lieber dem jetzigen Moment und
dem intensiven Erleben zu, statt aus Angst vor dieser Ungewissheit das Leben zu verpassen. Ich nehme den aktuellen Moment mit voller Präsenz in mir auf. Das ist
Glück.

SORGEN

Gibt es angesichts des Todes berechtigte Sorgen? Nicht in meiner Welt. Ich habe Vertrauen in mich und das Leben, alles wird sich fügen und wenn nicht, kenne ich die Kraft in mir, die alles überwinden kann. Ich trage alles Licht bereits in mir, ich kann mich immer nach innen wenden. Kann mir etwas Schlechtes passieren? Sicher kann mir jemand Gewalt antun, ich könnte krank werden oder einen Unfall haben. Es könnte mich ein äusserer Faktor treffen. Aber spielen wir es weiter, was ist das Schlimmste, was dann passiert? Dass ich mein Leben noch weniger lebenswert finde und tiefer in die Depression falle. Und dann? Dann habe ich immer noch die Freiheit, meinem Leben ein Ende zu setzen. Diese eine und ultimative Freiheit beruhigt mich. Ich habe stets die Wahl, was ich aus einer Situation mache. Ich bin nicht das Opfer meiner Umstände. Das Leben schuldet mir nichts. Wie reagiere ich? Reagiere ich überhaupt? Ist mir nicht alles gleichgültig? Zumindest reicht es doch aus, dann zu leiden, wenn das Ereignis eintritt, wieso soll ich dem Leid im Voraus in meiner Phantasie entgegenfühlen und mich sorgen? Dadurch leide ich doppelt.

DIE FREIHEIT, NICHT ZU REA-GIEREN

Wenn ich eine Nachricht auf meinem Handy oder eine Einladung bekomme, muss ich darauf nicht reagieren und schon gar nicht sofort. Ich schulde schliesslich niemandem etwas. Ich bin frei, eine Nachricht auch einfach zu ignorieren. Meinen Freunden antworte ich zuverlässig innert Wochenfrist und sie haben sich an diese Antwortlatenz gewöhnt. Ich will nicht jeden Tag Stunden damit verbringen, Nachrichten zu beantworten. Wer mir etwas erzählen will, der soll sich mit mir verabreden.

Umgekehrt habe ich auch jene Hoffnung aufgegeben, eine Antwort zu kriegen. Sollte mir jemand nicht antworten, würde mir das nichts ausmachen. Sollte mir jemand kommunizieren, dass er mich zukünftig nicht mehr sehen will, kann ich das gut akzeptieren. Wenn ich mich auf einen Job bewerbe, habe ich keine Erwartung. Ob ich eine Zu- oder Absage erhalte, ist mir gleichgültig. Ich habe gewissermassen keine Präferenz (ja, meine Freunde hören diesen Satz oft von mir). Das ist die wunderbare Ataraxie. Keine Hoffnung auf ein gewisses Resultat zu haben, beide Varianten, ob positiv oder negativ für mich, zu 100% zu bejahen. Denn so wie es kommt ist es gut. Ich hänge nämlich von keinem äusseren Ereignis ab, davon habe ich mich längst gelöst. Ich lasse alle Schiffe sinken, ich lasse alle Hoffnung los.

Eine Präferenz zu haben ist aber durchaus in Ordnung. Meine Präferenz wäre es, dass meine Mitmenschen mich alle überleben. Wenn es aber nicht so ist, bin ich gut darauf vorbereitet und werde mit jedem Tod umgehen können. Es wäre schön, eine Karriere mit einem sinnstiftenden Job zu haben, aber wenn es nicht so ist, ist es auch gut so. Ich präferiere, nicht krank zu werden, doch wenn es so sein wird, werde ich mich mit der Situation arrangieren. Ich mache mir keine Sorgen, ich habe Vertrauen in mich. Wir leiden viel zu sehr in Gedanken, die meisten Sorgen treffen gar nie ein. Ich anerkenne, dass ein gewisses Ereignis eintreffen könnte, welches nicht meiner Präferenz entspricht, versichere mir kurz, dass ich damit umgehen könnte und verschwende keinen weiteren Gedanken mehr daran. Ich werde mich damit befassen, wenn es dann tatsächlich eintritt.

Und auch wenn sich etwas nicht nach Plan verwirklicht, habe ich oft die Erfahrung gemacht, dass sich das Leben irgendwie fügt und sich stattdessen eine andere Tür öffnet, die ich ansonsten gar nie gesehen hätte. Ich liebe diese Ungewissheit des Lebens. Morgen schon könnte sich unerwartet eine Tür öffnen, die das ganze Leben verändert. Viele Türen öffnen sich auch nur demjenigen, der mutig genug ist, daran zu klopfen. Man muss nur offen sein und sich nicht zu stark mit seinen Plänen identifizieren. Leben passiert, während wir Pläne schmieden.

JEDE SITUATION KÖNNTE EINE TÜR ÖFFNEN

Wenn einem etwas passiert, was nicht der eigenen Lebensvision, dem Lebensplan entspricht, kann einen das aus der Bahn werfen. Aber abgesehen davon, dass man im Leben sowieso nicht allzu viel planen sollte, könnte man jede Situation auch als Chance sehen, über sich selbst hinauszuwachsen und etwas zu lernen und nicht als Schicksalsschlag. Durch eine Trennung vom Expartner gewinnt man die Freiheit zurück und kriegt die Chance, die eigenen Anteile am Beziehungsende und die bisherigen Beziehungsmuster zu hinterfragen. Ich habe Vertrauen in mich und das Leben und das gibt mir die Gewissheit, dass ich alles überwinden kann, ich bin gegen jeden Schicksalsschlag gewappnet, weil ich mich selber habe. Ich bin auch dankbar für alles Negative, was mir in meinem Leben widerfahren ist. Heute bin ich weiser und resilienter. Wenn etwas Schlimmes passiert, können wir uns wundern, welche Türen einem dadurch geöffnet werden und welche Lektion das Leben einem damit erteilen will. Es gibt keine Fehler, nur Erfahrungen.

DER FEIGENBAUM DER MÖGLICH-KEITEN

Wer würde ich werden, wenn ich vergessen hätte, wer ich gestern war? Wenn ich aufwachen würde mit dem kognitiven Wissen, welches ich heute habe und die Zeit zurückspulen könnte? Ich würde wohl Psychiatrie oder Psychologie studieren, Menschen helfen, sie begleiten dort wo es einen Unterschied macht. Was macht einen Unterschied? Wenn Menschen ihr Leben schätzen, zufriedener und glücklicher sind, es ihnen gut geht. Es macht einen Unterschied, wenn Menschen aus der Depression finden und neuen Lebensmut schöpfen.
Oder ich würde Medizin bzw. Neurologie studieren und das Bewusstsein erforschen. Vielleicht auch nicht. Gewisse Rätsel wird die Menschheit wohl nie entziffern und das ist gut so, so bleibt die Welt verzaubert. Oder ich würde Philosophie studieren. Dafür bräuchte ich aber viel Mut, um mich von den gesellschaftlichen Fragen: "Was kann man nach dem Studium damit anfangen? Wer wird dich anstellen?" nicht beeinflussen zu lassen. Ich schliesse es übrigens in keiner Weise aus, dass ich noch das eine oder andere Studium absolvieren werde. Wieso auch nicht? Das Leben ist noch so (zu) lang, genügend Zeit habe ich. Zu spät ist es wirklich nie. Das Leben ist wie ein Feigenbaum voller Möglichkeiten, Silvya Plath hat dieses Bild zutreffend gezeichnet. Einige Feigen sind schon reif und wir müssen nur danach greifen. Andere sind klein und wachsen vielleicht erst noch, je nach dem, mit wie viel Aufmerksamkeit wir sie pflegen. Es gibt Berufsfeigen, Freizeitsfeigen, Freundesfeigen, Männerfeigen, die Welt steht uns offen! Ich jedenfalls bin gespannt,

welche Feigen ich in meinem Leben noch pflücken werde.

EGOISMUS

Ich höre oft, dass ich ein egoistischer Mensch bin, worauf ich meinem Gegenüber zustimme. Ich bin es aus Überzeugung und halte nichts davon, dass dieses Wort so negativ konnotiert ist. Jeder Mensch ist egoistisch und wir tun alle nur so, als wären wir es nicht, da stehe ich lieber zu meinem authentischen Selbst und heuchle mir und den anderen nichts vor. Ich bin nicht so egoistisch, dass mein Handeln einen direkten Schaden für meine Mitmenschen hat, die Grenze meiner Freiheit wird definiert durch die Freiheit meiner Mitmenschen.

Schlussendlich ist es doch für alle von Vorteil, wenn wir so leben, wie es uns entspricht, dann sind wir glücklicher und können das Leben unserer Menschen positiver beeinflussen. Selbstverständlich gilt dies immer aus meiner Perspektive ohne jegliche Bindungen. Wer die Entscheidung getroffen hat, ein Kind in die Welt zu setzen, ist m.E. eher für dieses verantwortlich und könnte sich in seinem Egoismus eher einschränken, eben weil es das Wohl des Kindes direkt beeinflusst.

Die Welt schuldet mir nichts und ich schulde der Welt nichts, das Leben ist genug anstrengend. Und ich habe nur eines, darum lebe ich authentisch und meinen und den Wünschen meiner Liebsten entsprechend. Für alles andere erscheint mir das Leben zu kurz und bedeutungslos.

Im Allgemeinen denke ich schon, dass unsere Gesellschaft sehr individualistisch geworden ist und jeder vor allem auf sich selbst schaut. Wir verlernen immer mehr, uns gegenseitig zu helfen, ohne eine monetäre Gegenleistung dafür zu fordern. Doch gegenseitige Hilfe macht

uns menschlich und gibt uns ein Gefühl von Verbundenheit und Sicherheit. Die Welt ist voller Leid und es gibt
tausend Möglichkeiten, wie man einen Unterschied machen könnte. Mir ist es wichtig, mir stets mit Demut und
Dankbarkeit meiner Privilegien bewusst zu sein. Wenn
Geld keine Rolle spielen würde, würde ich wohl in einem
Altersheim arbeiten oder Freiwilligenarbeit leisten. In
meinem persönlichen Leben möchte ich zukünftig diesem Faktor mehr Gewicht geben und Menschen unent-
geltlich helfen. Und wenn ich mich frage, wozu eigentlich,
wenn ja sowieso alles bedeutungslos und vergänglich
ist? Das trifft zu. Aber ein menschlicher Akt, ein Lächeln
ist dann in der Welt und die Welt ist ein bisschen positiver
als ohne das Lächeln, ohne den Akt der Freundlichkeit.

DAS EGO

Unter welchem Verhalten oder Ereignis würde mein Selbstbild leiden? Will ich mein Selbstbild verändern? Was für ein Mensch will ich sein? Überidentifiziere ich mich vielleicht mit gewissen externen Faktoren? Auf wie viele externe Faktoren bin ich stolz, für die ich gar nicht viel kann? Stolz sein darf ich höchstens auf innere Faktoren, denn sie hängen nur von mir ab.

Ich bin dankbar für meine äussere Erscheinung, aber viel dafür geleistet habe ich nicht. Klar, ich würde weniger ansprechend aussehen, wenn ich nicht einen Minimalaufwand für Hygiene und Pflege aufbringen würde. Es nähme mich wunder, wie ich selbst auf eine fremde Person mit exakt meinem Aussehen reagieren würde.

Meine körperliche Erscheinung hängt von meinem Essverhalten ab und dieses hängt wiederum von mir und meiner Disziplin ab. (Side note: Mir ist absolut bewusst, dass Disziplin bei gewissen Menschen nicht zum gewünschten Resultat führt! In meinem Fall ist es aber glücklicherweise so. Auch hier: Ich bin privilegiert, dass ich keine Stoffwechselkrankheit, o.ä. habe). Meine Figur ist also nicht komplett mein alleiniger Verdienst aber ich trage mit meinem Essverhalten dazu bei.

Für meine Intelligenz und Bildung kann ich auch wenig. Dass ich mich jetzt ständig weiterbilde und neugierig jedes Wissen in mir aufsauge, ist schon mein Verdienst. Aber die dafür vorausgesetzte ursprüngliche Bildung ist nicht mein Verdienst. Ein Kind in einem armen Land kann intelligent und wissbegierig sein, dadurch dass es nie die gleichen Chancen wie ich hatte, wird es sich auch niemals so weiterbilden können wie ich. Für meine ständige

Wissensvermehrung kann ich also nur insofern etwas, wenn ich das Fundament, das Privileg der Bildung davon subtrahiere.

Meine Familie habe ich mir nicht ausgesucht, sie wurde mir geschenkt. Meine Freunde habe ich mir zwar ausgesucht, doch durch die Geburt in meinem Land, in meine soziale Schicht, war auch mein Freundeskreis gewissermassen vorbestimmt oder eingegrenzt. Ich habe keine Millionärsfreunde, weil ich nicht in dieses Milieu geboren wurde. Auch hier kann ich nichts für meine Familie, habe noch gar nichts geleistet für mein soziales Fundament. Ich kann lediglich beeinflussen, was für ein Haus ich darauf baue, ob ich meine Bindungen pflege. Freundschaft bedarf Pflege und ich habe einen grossen Freundeskreis, weil ich mir die Zeit nehme, die Bindungen zu pflegen. Ich investiere also etwas und werde belohnt. Meine Freundschaften sind mein Verdienst, wenn ich davon das Fundament (meine Privilegien) subtrahiere.

Auch beim Reisen ist das Fundament nicht mein Verdienst (Geburt in reichem Land, Erwerb von Bildung, welche es mir ermöglicht, einen Job auszuüben, welcher genügend Geld fürs Reisen bringt). Doch die Kultivierung dieses Interesses liegt in meiner Verantwortung. Ich entscheide, wofür ich mein Geld und meine Zeit investiere. Andere Menschen haben andere Hobbies und andere Prioritäten und das ist schön. Ich würde also sagen: Das, was nach Abzug meiner Privilegien übrigbleibt, ist meine eigene Errungenschaft im Leben.

Ich habe jetzt dargelegt, dass ich für die meisten Faktoren nichts kann, die aber für mein Selbstbild wichtig sind. Wäre es da nicht die logische Konsequenz, mich mit diesen Faktoren nicht mehr zu identifizieren, weil ich ja eben gar nichts dafür kann? Genau von solchen Faktoren muss man sich lösen, vom Ego. Denn was wäre ich ohne mein Gesicht, ohne meine Figur, ohne meinen Job, ohne meine Familie, ohne meine Freunde, ohne das Reisen, ohne die Philosophie? Ich wäre immer noch ich. Und ich habe realisiert, dass ich genauso gut bin, mit oder ohne diese Faktoren. Ich bleibe die gleiche Person im Inneren. Mein Feuerball verändert sich dadurch nicht. Ich bin bedingungslos okay und habe mich gern, auch wenn ich meinen Job verlieren würde, nie wieder reisen könnte, keine Freunde mehr hätte. Egal wie gross der Verlust, ich habe immer noch mich, mit mir selbst lebe ich bis zum Schluss. Das Leben ist einfacher, wenn ich mir selber die beste Freundin bin.

Und so richtete ich meine ganze Aufmerksamkeit weg von diesen Äusserlichkeiten und wendete mich meinem Inneren zu, meinem goldenen, leuchtenden, brennenden Feuerball. Jeder Mensch ist ein einzigartiger Feuerball.

Wenn es nun nicht das Aussehen oder der Beruf ist, was uns als Menschen ausmacht, was ist es? In Wahrheit sind es die inneren Werte. Welche sind meine?

Ich bin neugierig, ich kann gut zuhören, ich bin unkompliziert, ich bin ehrgeizig, ich bin offen und verständnisvoll, ich bin introspektiv, ich bin hilfsbereit, ich bin kritikfähig, ich bin gleichgültig. Ich respektiere persönliche Grenzen, ich anerkenne, dass jeder Mensch in seiner eigenen Realität lebt und ich in keinen anderen Kopf schauen kann. Umgekehrt genauso. Nur ich und kein anderer Mensch wird jemals wissen, ob ich mich wirklich für ihn interessiere oder es nur vorheuchle. Das weiss nur ich. Und all diese Dinge bin ich, weil ich sie sein möchte, das ist mein wahres Ich in seiner vollkommenen Verwirklichung. Natürlich will ich nicht immer zuhören und ich bin auch nicht immer verständnisvoll. Aber wenn ich es bin, bin ich es aus intrinsischer Motivation, von Herzen, weil ich mich autonom dafür entscheide. Und dass ich all diese Dinge bin, dafür kann ich viel mehr etwas als für externe Faktoren. Ich kann diese Eigenschaften kultivieren, ich kann sie verkümmern lassen, es liegt in meiner Hand.

Wenn ich meinen Job verlieren würde, würde ich mir einen neuen suchen und den Verlust nicht auf mein Selbstbild beziehen. Eine Kündigung sagt nichts über mein Inneres und meinen Wert aus. Ich bestimme selbst meinen Wert. Wenn ich dick wäre, wäre ich genauso liebenswürdig, wie ich es jetzt bin. Mein Gewicht sagt nichts über meinen Wert als Mensch aus.

Solange ich meinen Verstand habe (oder wo auch immer das Bewusstsein ist) und mich in meine innere Festung zurückziehen kann, ist alles gut, mehr brauche ich nicht.

SPEZIELL SEIN WOLLEN FÜR JE-MANDEN

Warum wollen wir speziell sein für jemanden? Das ist doch nur das Ego, davon müssen wir uns lösen. Ich habe diese Erfahrung schon oft gemacht, nicht an mir selber, aber das ist es wohl, was meine bisherigen Exfreunde immer so stark an mich gebunden hat und Männer an mir fasziniert. Sie alle hatten dieses unerreichbare Ziel vor Augen, mein Retter, der Eine zu sein, bei dem ich mich öffne, bei dem es zum ersten Mal anders sein wird, dem ich mich vollkommen offenbare. Doch bislang war mir dafür keiner gut genug. Ich hatte eine falsche Einstellung, war unwillig, mich verletzlich zu machen und bin es zugegebenermassen auch heute noch. Und bevor ich dafür nicht bereit bin, werde ich keine neue Beziehung eingehen, das wäre dem anderen gegenüber nicht fair.

Doch was gibt es uns, wenn wir spüren, dass wir in den Augen eines anderen speziell sind? Das treibt so viele Menschen an, sich zu verausgaben, möge der andere doch bitte durch unsere unzähligen Bemühungen erkennen, wie einzigartig wir sind. Ich bin nichts Spezielles, ich bin der Durchschnitt. Jeder Mensch ist durchschnittlich und zugleich höchst individuell. Keiner ist spezieller als der andere. Wir sind alle faszinierende Individuen, es gibt kein besser oder schlechter. Von dieser Idee sollten wir uns dringend lösen, es ist nämlich nur unser Ego, welches durch dieses Gefühl des Speziell-Seins gefüttert wird. Ob mich jemand speziell findet, ist doch für mein Inneres völlig irrelevant. Ich brauche keinen Zeugen, ich weiss bereits selbst, wie einzigartig ich und jeder andere ist. Bin ich abhängig, von äusserer Anerkennung, komprimiere ich meine Integrität. Ich bin meine eigene Zeugin. Wie ich mich selbst sehe, ist das Einzige, was mich interessiert. Wenn ich jemanden inspirieren kann, schön. Wenn nicht, auch egal. Ich brauche keine Anerkennung von aussen. Das Selbstbild auf den Meinungen der anderen zu bauen, macht das Fundament ziemlich instabil.

Mein Geheimnis ist, dass ich nur mich brauche. Sich binden? Doch nur an mich selber.

DER FREIE WILLE

Gibt es einen freien Willen? Mein Bewusst- und Unterbewusstsein wird durch so vieles beeinflusst: Mein Selbstbild, meine Erziehung, meine Erfahrungen, meine Glaubenssätze, meine Umgebung, körperliche
Empfindungen, meine Gesundheit, meine Stimmung,
meine Gewohnheiten, etc. Ich bezweifle, dass wir das alles je vollständig entwirren können, viele Faktoren beeinflussen sich ja auch wechselseitig. Und wenn wir es entwirren könnten, wie wüssten wir, welcher Faktor den
grössten Einfluss hat? Wie kann ich festmachen, aufgrund welcher Faktoren ich eine Entscheidung getroffen
habe? War es meine Stimmung? War es mein Instinkt?
Wie können wir uns überhaupt selber vertrauen? Kann
ich wollen was ich will? Nur wenn ich mich selber kenne
und weiss, wieso ich so und nichts anders handle und
fühle, kann ich autonom leben und autonome Entscheidungen treffen. Autonom leben heisst, basierend auf ei-
genem Abwägen und eigenen Einsichten zu entscheiden
und handeln, nicht basierend auf Prestige und sozialen
Erwartungen. Will mein autonomes Ich das? Wenn ich
heute eine andere Stimmung als gestern hätte, ein anderes Körpergefühl als gestern, würde ich in der identi-
schen Situation anders reagieren, anders fühlen, anders
entscheiden? Wie können wir uns und unsere Entscheidungen ernst nehmen? Wir müssen uns selbst skeptisch
gegenüberstehen, so viel passiert unterbewusst. Wenn
die Konstellation der wechselwirkenden unbewussten
Faktoren heute anders als gestern ist, hätte ich mich
dann gestern mit gleicher Wahrscheinlichkeit besser
oder schlechter fühlen können, wenn nur ein Faktor

anders gewesen wäre? Ein Gedanke ist immer nur die Spitze des Eisbergs, zuerst kommt das körperliche Erleben, dann das Gefühl, dann der Gedanke. Unsere Reaktion ist gewissermassen schon unterbewusst vorprogrammiert. Das ist eine Erleichterung einerseits, doch andererseits könnte man sich dem auch ausgeliefert fühlen. Ohnmacht oder Freiheit? Ich würde nicht behaupten, dass wir komplett ferngesteuert sind. Stand jetzt würde ich davon ausgehen, dass es den freien Willen gibt und er 5 bis maximal 10% unserer Entscheidungen ausmacht, wenn man das Fundament von unseren Handlungen subtrahiert. Der Rest passiert unterbewusst (ja, so mächtig ist das Unterbewusstsein!). Können wir unseren freien Willen stärken? Ich denke schon. Ich bin überzeugt, wenn wir achtsam sind und unser Unterbewusstsein trainieren, kann das Bewusstsein beim im Autopilot handelnden Unterbewusstsein ein Vetorecht einlegen. Randnote: Würden wir davon ausgehen, dass kein freier Wille existiert, müssten wir konsequenterweise das Strafrecht abschaffen. Der freie Wille ist also Voraussetzung für unser Rechtssystem.

Ich frage mich jeden Tag, welche heutigen Entscheidungen ich heute aus freiem Willen getroffen habe. Was hat meine Gedanken beeinflusst? Wie soll ich mich mit diesem Wissen überhaupt noch ernst nehmen?

SICH VERLETZLICH MACHEN

Früher stand mir mein Stolz oft im Weg, ich fand es schwach, Gefühle zu zeigen. Ich zeige zwar nach wie vor wenig Gefühle, jedoch sehe ich das heute anders. Wenn wir zu unseren Gefühlen stehen, ist das nicht schwach und wir machen uns nicht lächerlich. Es ist authentisch und mutig, seine Gefühle ernst zu nehmen und zu kommunizieren. Mein Problem ist aber nicht die Kommunikation meiner Gefühle, sondern, dass ich mich meistens gefühlskalt fühle.

Will ich nicht mehr Gefühle zulassen? Ich habe die komplette Apathie erreicht, alles hängt von mir und meinem Inneren ab. Es kann mir nichts mehr passieren. Ich bin komplett taub und gleichgültig, das Leben bedeutet mir nichts, nichts (ausser meiner Familie) bedeutet mir was. Doch wenn ich schon hier auf der Welt bin (so ist es nunmal), will ich möglichst viele positive Emotionen erlangen. Ich habe mich früher geschützt. Doch jetzt weiss ich, dass ich innerlich so stark und resilient bin, ich bin unerschütterlich, ich könnte Menschen lieben und mich verlieben und wenn es nicht klappt, kann ich den Schalter abschalten und mir ist alles egal. Das einzig Relevante ist nämlich mein inneres Feuer, der Rest betrifft mich wenig und kann mir nichts anhaben. Ich habe keine Hoffnung und keine Erwartung in das Leben. Enttäuscht zu werden heisst, sich einer Täuschung zu entledigen, wobei der Täuschende ich selbst bin. Der Tod eines Mitmenschen enttäuscht mich. Ich habe mich getäuscht, wobei ich doch eigentlich weiss, dass das Leben endlich ist. Auf jede Situation kann ich mit Achselzucken reagieren. Ich nehme sie höchstens zur Kenntnis. Ich sage: "Aha, ok."

Ich weiss auch gar nicht, ob ich mich einem anderen Menschen öffnen will, ich stehe dem stark ambivalent gegenüber. Ich mache meine Probleme mit mir selber aus, mein Inneres geht doch niemanden etwas an. Gewisse Dinge darf man doch privat halten, niemand verpflichtet einen, diese zu teilen. Und Privatsphäre ist Macht. Was Menschen nicht wissen, können sie nicht ruinieren. Aber: Wahre Verbundenheit entsteht eben doch nur durch gegenseitiges Öffnen. Verletzlichkeit ist die Essenz von Verbundenheit und Verbundenheit die Essenz unserer Existenz. In einer Welt, in der jeder eine Maske trägt, ist es ein Privileg, auf eine verletzliche Seele zu treffen.

Wenn ich mich also nicht mehr ständig so gefühlskalt fühlen will, sollte ich anfangen, die Menschen hinter meine Mauern und in meine Boxen blicken zu lassen. Irgendwann vielleicht. Not today.

INTRINSISCHE MOTIVATION

Was tue ich nur der Belohnung oder Vermeidung von Bestrafung wegen? Ich arbeite für meinen Lohn und wenn ich nicht arbeiten würde, wäre die Strafe ein Knicks in meinem Selbstbild und der Gang zu sozialen Einrichtungen sowie gesellschaftliche Nachteile.

Früher dachte ich, ich gehe gerne ins Fitnesszentrum. Irgendwann habe ich festgestellt, dass ich in Wahrheit nur ins Gym ging, um mein Gewicht zu kontrollieren. Heute gehe ich nicht mehr hin (mein Gewicht ist stabil und ich sollte kein Gewicht verlieren). Mein Sport besteht aus Spaziergängen, gelegentlichen Wanderungen und in Tanzen.

Daher müssen wir hinterfragen, ob wir eine Aktivität aus intrinsischer Motivation tun, aus Freude an der Sache selbst oder um ein übergeordnetes Ziel (Lohn, äusseres Erscheinungsbild) zu erreichen. Ich empfehle jedem eine Überprüfung seiner Aktivitäten und die Streichung der Worte UM ZU. Seit ich mich selber in dieser Hinsicht bewusst hinterfragt habe, habe ich viel mehr Zeit für Dinge, die mir ehrlich Spass und Freude bringen. Wie ich weiss, was mir ehrlich Spass und Freude macht? Das finde ich ganz einfach heraus, wenn ich mich frage, wie ich mich dabei fühle, ob sie meine Schwingung mindert und ob ich die Aktivität auch dann tun würde, wenn dies mein letzter Lebenstag wäre. Möglichst viel Lust vermehren und Leid verringern, Leben nach Epikur.

DIE INDIVIDUELLE LEBENSVISION

Was ist meine Lebensvision? Welche Rolle soll Familie, Freundschaft, Beziehung, Karriere, Reisen, etc. spielen? Ich wünsche mir, dass meine Eltern noch ganz lange leben, ich eine innige Beziehung zu meinen Geschwistern pflege, dass wir viel Zeit zusammen verbringen, uns verbunden fühlen. Ich wünsche mir, dass alle meine Freundschaften erhalten bleiben und noch weitere dazu kommen.

Eine Beziehung kann schön sein, aber das soll nicht im Fokus stehen, nur wenn jemand genau die gleiche Einstellung dazu hat und mich mehr oder gleich inspiriert wie ich mich selber. Die Liebe soll jeden Tag zunehmen und nicht abnehmen, es wird eben nicht langweilig und öde, es gibt immer mehr zu entdecken. Wie genial ist es, jemanden so gut zu kennen, so verbunden zu sein. Wie unermesslich wertvoll ist es, ehrlich und direkt mit jemandem kommunizieren zu können. In meiner utopischen Vorstellung fragt man sich jeden Tag: Wollen wir beide noch weitermachen? Ich sehe dich als Sonnenuntergang, als Meisterwerk, ich liebe dich bedingungslos, du musst nichts erfüllen, du bist so akzeptiert wie du bist, das gilt gegenseitig. Ich muss nicht alles lieben, was du tust, aber ich liebe dich, egal was du tust. Wir begleiten uns, wir gestalten unser Leben zusammen, wir unterstützen uns, wachsen zusammen. Wir nehmen am Leben des Partners teil, wir freuen uns von Herzen mit ihm und leiden genauso mit. Geteilte Freude ist doppelte Freude und geteiltes Leid ist halbes Leid. Ich will keine Erwartungen auf den anderen projizieren, er soll nur seine eigenen Erwartungen aus freiem Willen erfüllen. Und ich meine. In so einer Beziehung wäre ich verlässlich und loyal. Wir sollen immer ehrlich zueinander sein und direkt kommunizieren. Ich zeige dir und nur dir exklusiv meine innere Galerie und du erfreust dich zusammen mit mir an meinem Inneren und schätzt den exklusiven Einblick. Und umgekehrt.

Ich wünsche mir einen Job, der sich wie Freizeit anfühlt, der einen Unterschied macht und einen Sinn hat, den ich ausüben würde, wenn ich Millionärin wäre. Ich hoffe, noch viele Bücher zu lesen, viele Wissenspuzzleteile zu sammeln, die Welt ein bisschen besser zu verstehen, ich liebe Philosophie. Ich will legendäre Abende verbringen, tanzen, singen, jedes Land sehen, Ausstellungen und Konzerte besuchen, Jobs wie Kleider anprobieren, Sprachen lernen, Bücher lesen, Menschen kennenlernen, mich in ihre Perspektive hineinversetzen. Mich interessiert alles.

Was macht mein Leben lebenswert? Anhand welcher Kriterien messe ich das? Diese Kriterien sind ja für jeden Menschen unterschiedlich. Meine Persönlichkeit bestimmt, was mich fasziniert und was mich weniger interessiert. Und so hat doch jeder Mensch eine subjektive Ansicht davon, was ein gutes Leben ausmacht. Wenn jemand nicht nach einer Karriere strebt, sondern möchte, dass sein Leben genauso bleibt und sich nichts verändert, toll! Jeder soll so leben, wie er am zufriedensten ist. Wer bin ich, um über eine andere Lebensvision zu urteilen? Ich sehe nur in meinen eigenen Kopf und bin nur für mich verantwortlich.

ALKOHOL

Wieso trinke ich Alkohol? Auf meine Ansicht, dass Alkohol genauso eine Droge wie alle illegalen Substanzen ist und man daher entweder alles oder nichts verbieten müsste, möchte ich nicht weiter eingehen.

Alkohol hat eine grosse gesellschaftliche Bedeutung, es wirkt enthemmend, ein Abend mit Alkohol im Spiel wird automatisch witziger. Aber eigentlich brauche ich keine Bewusstseinserweiterung, um Spass zu haben und ich habe auch kein Enthemmungsmittel nötig, da ich von Natur aus auf Menschen problemlos zugehe. Da habe ich keine Hemmungen und keine Scham. Der Hauptgrund für Alkoholkonsum liegt wohl im gesellschaftlichen Faktor, man macht es einfach, ohne gross darüber nachzudenken. Eigentlich völlig widersinnig, wo doch Alkohol erwiesenermassen ausschliesslich Nachteile für die Gesundheit hat. In schlechten psychischen Phasen kann der Alkohol aber auch eine Flucht sein. Die Flucht vor Trauma oder vor der Langeweile an einem sozialen Event. Doch dann sollte man eigentlich die Party verlassen. Aber dann trinkt man noch ein bisschen mehr und fühlt sich bald wieder bestens unterhalten und die Zeit geht schneller vorbei. Oftmals macht es die Stimmung in der Gruppe lockerer, sie sollte aber bereits genug locker sein, denn sonst verbringt man seine Zeit mit den falschen Leuten. Das Erleben ist verfälscht. Alkohol quasi als "Plus" und nicht als Voraussetzung für einen gelungenen Abend. Eine Aktivität, ein Gespräch, das nur mit lohnenswert ist, lohnt sich nicht, geführt zu werden. Ich persönlich habe festgestellt, dass ich ein Gespräch oder eine Begegnung viel intensiver erlebe und erinnere, wenn kein Alkohol im Spiel ist. Der Alkohol nimmt mir mehr, als er mir gibt.

Es ist und bleibt aber eine konstante Übung, zu hinterfragen, aus welcher Motivation heraus man gerade konsumiert. Ist es gesellschaftlicher Druck? Will ich Gefühlen entfliehen, mich betäuben? Langweile ich mich und sollte ich eigentlich gehen? Täusche und übergehe ich mich gerade selber?

KEINE SCHUBLADEN

Welchen Job würden andere bei mir vermuten? Die meisten Menschen sind überrascht, wenn sie mich kennenlernen und erfahren, was ich beruflich mache. Ich überrasche sie mit meinem Intellekt oder besser gesagt mit dem Intellekt, welchen sie mit meinem Beruf assoziieren. Solche Assoziationen sind verzerrt und wir müssen uns dessen bewusst werden. Wieso gilt ein Arzt als intelligenter und gesellschaftlich anerkannter als ein Bauarbeiter? Hatten sie die gleichen Chancen? Wir assoziieren automatisch mehr Leistung mit dem Arztberuf. Ich habe viele Interessen und ich will in keine Schublade passen. Jeder darf und soll doch seine vermeintlichen Widersprüche haben. Ich kann mich für alles interessieren, alles ist möglich und nichts ausgeschlossen. Es sind eben keine Widersprüche, sondern die Verwirklichung des authentischen Selbst. Es gilt, sich mit diesen zu versöhnen und sie in die eigene Persönlichkeit zu integrieren – egal was jemand anderes davon hält.

SICH SELBST BLEIBEN BEI IN-TERAKTIONEN

Ich bin überzeugt, dass es eine innere und eine äussere Freiheit gibt. Die innere Freiheit beinhaltet, Ereignisse, Gefühle und Gedanken autonom zu bewerten. Die äussere Freiheit liegt im Handeln und beinhaltet, trotz gesellschaftlichen Erwartungen autonom zu leben. Bei jeder Interaktion ist man beeinflusst vom Gegenüber. Man muss versuchen, stets unbeeinflusst bei sich selber zu bleiben und sich fragen: „Stimmt das wirklich für mich?" Wir alle wollen dazugehören, das ist essenziell und überlebenswichtig für uns. Wir sollen aber authentisch bleiben, ehrlich unsere Meinung sagen und nicht in allem zustimmen. Das ist gar nicht nötig, um gemocht zu werden. Und wenn es uns nötig erscheint, sind wir von falschen Menschen umgeben. Jedermanns Freund ist niemandes Freund.

Den Einfluss des Gegenübers kann man durch Achtsamkeit zwar stark minimieren, doch 100% sich selbst – als wäre man allein – ist man trotzdem nie. Unterbewusst spüren wir oder meinen zu wissen, was der andere von uns erwartet. Und es ist menschlich, diesen Erwartungen entsprechen zu wollen. Aufgrund unseres menschlichen Bedürfnisses nach Zugehörigkeit und Anerkennung passen wir uns der Situation an, die Autonomie gibt nach. Im schlimmsten Fall nehme ich es meinem Gegenüber übel, dass ich nicht bei mir geblieben bin. Das kann zu Missverständnissen führen. Wie könnten wir stattdessen handeln? Ich kann es ansprechen und meine Gefühle kommunizieren. Wenn ich spüre, wie meine Aufmerksamkeit sich auf den anderen fokussiert, hole ich mich in mein eigenes Erleben zurück. Wie erlebe den gegenwärtigen Moment? Bin ich verantwortlich für das Erleben meines Gegenübers? Was trägt er zu meinem Erleben bei?

WER BIN ICH IM INNEREN

Was findest du in dir, wenn du dich selbst betrachtest? Welche wahrhaftigen Eigenschaften? Wer warst du, bevor dir die Welt gesagt hat, wer du zu sein hast?
Wenn ich ganz ich selber bin, bin ich am glücklichsten. Ohne die Erwartung anderer bin ich:
Ehrlich, lügen verursacht Stress und ist anstrengend. Ich bin aufmerksam und an allem interessiert, ich lerne gern dazu. Ich bin offen und tolerant, ich kann von jedem was lernen, jeder Mensch weiss irgendwas besser als ich, ich bin bescheiden. Ich bin hilfsbereit, wenn es meine Autonomie nicht einschränkt, ich bin stur. Ich bin ehrgeizig, ambitioniert, intelligent, diszipliniert, ich habe Kontrolle über mich selber, ich will mein Potential voll ausschöpfen. Ich habe eine ehrliche Arbeitsmoral, ich möchte gute Arbeit leisten. Ich bin locker, ich nehme das Leben nicht ernst, unkompliziert, bin sorglos und unbeschwert. Nichts bewegt mich, ich bin gleichmütig und -gültig. Ich bin unerschütterlich und resilient. Ich kann alles stoisch annehmen, es ist alles eine Frage meiner Bewertung. Ich bin neugierig, fasziniert von der Welt, ich will die komplexe Welt entdecken und verstehen. Ich bin autonomiestrebend, Selbsterkenntnis ist das höchste Ziel für mich, ich will immer mein authentisches Selbst sein. Und nur ich weiss, ob ich diese Eigenschaften tatsächlich habe oder nur eine Maske trage, niemand sieht in meinen Kopf. Ich bin wie ich bin aus intrinsischer Motivation, weil es sich gut anfühlt. Ich bin okay wie ich bin, bedingungslos. Ich möchte niemand anderes sein. Es hat sich noch nie so gut angefühlt, ich selbst zu sein.

SCHAM

Wieso schämen wir uns? Wofür schäme ich mich? Scham ist nicht angeboren, sondern gesellschaftlich angelernt. Wäre sie angeboren, würden sich Menschen in allen Kulturen für die gleichen Dinge schämen. Kleinkinder schämen sich (noch) nicht.

Gewisse Dinge fallen in die private Sphäre. Werden wir in solchen Situationen entblösst, schämen wir uns. In vielen Dingen ist unsere Scham jedoch unbegründet. Ist es nicht am angenehmsten, wenn man sich nicht verstecken muss? Wenn man sich traut, in Anwesenheit anderer genauso sich selbst zu sein, wie wenn man alleine wäre? Ich plädiere dafür, dass wir uns von dieser Scham lösen müssen. Wer bist du, wenn niemand zuschaut? Das wäre wohl die ultimative Überwindung jeglicher Scham.

Auf die gesellschaftliche Pranger-Funktion von Scham will ich nicht weiter eingehen, gewiss hat Scham auch ihren Nutzen. Und ich rede hier nur von harmlosen Entblössungen, die niemandem schaden. Es geht mir nur darum zu zeigen, dass wir zufriedener sind, wenn wir weniger Hemmungen haben, unsere Scham hinterfragen und uns die vermeintliche Peinlichkeit gleichgültig ist. Wohl kaum einer stört sich daran und wir werden durch das Loslassen der Scham freier. Wir leben im Irrtum, dass die Menschen uns viel mehr beobachten, als sie dies tatsächlich tun. Wir werden oft kaum wahrgenommen. Die Mitmenschen sind viel zu sehr mit sich selbst beschäftigt, um uns wahrzunehmen. Und wenn es jemandem auffällt und er sich an meinem Furz stört und mich dafür bewertet, kann mir seine Meinung von mir doch völlig egal sein. Wir lieben uns mehr als andere

Menschen und trotzdem sind uns die Meinungen der anderen wichtiger als die eigene?

TRIGGER

Was triggert mich? Wieso triggern mich andere Dinge als den nächsten? Was verursacht, dass wir uns nerven? Unsere Trigger zeigen uns, wo wir noch nicht frei sind oder was wir noch heilen müssen. Etwas fühlt sich unangenehm an, stört meine Konzentration, lenkt meine Aufmerksamkeit unerwünschtermassen auf sich. Ich versuche dann, meine Aufmerksamkeit zurück auf mich zu lenken. Es hilft auch, sich seine Trigger bewusst zu machen und im Voraus zu bestimmen, welche Reaktion geeignet wäre, um den Trigger möglichst gelassen hinzunehmen und ihn zur Kenntnis zu nehmen, sich eben nicht davon triggern zu lassen. Meine Antwort lautet Selbstverantwortung. Wenn ich in einem Flieger oder Bus sitze und plötzlich schreit ein Kind, bringt es mir absolut nichts, mich darüber aufzuregen. Das Kind hört nicht schneller damit auf. Ich kann die Eltern verfluchen, wieso sie mit einem Baby überhaupt fliegen müssen. Doch das ändert nichts an der Situation und meinem negativen Gefühl, ich habe nur einen Schuldigen dafür gefunden. Ich habe angefangen, mir selbst die Schuld zu geben. Ich habe mich dieser Situation ausgesetzt in vollem Bewusstsein, dass es ab und zu schreiende Kinder im Flieger gibt, es ist meine Verantwortung. Ich habe mich für den Flug entschieden und gleichzeitig für die Möglichkeit eines schreienden Kindes und jetzt werde ich die Konsequenzen dafür in aller Gelassenheit tragen. Ich lenke meine Aufmerksamkeit zurück auf mich.

Und wieder: Weil jeder eine eigene subjektive Realität hat, ein anderes Ich, ein anderes Bewusstsein, andere Erfahrungen, Glaubenssätze, Selbstbilder, genau darum hat jeder unterschiedliche Trigger. Ich finde es enorm faszinierend, zu erfahren, was meine Freundin triggert und herauszufinden, wieso das so ist. Oder meine eigenen Trigger zu erkennen und zu hinterfragen, woher in meinem Unterbewusstsein sie kommen, wo ich noch nicht frei bin und was ich zu heilen habe. Wir wiederholen, was wir nicht reparieren.

EINE ENTSCHEIDUNG ENTFERNT VON EINEM KOMPLETT ANDEREN LEBEN

Mein Leben könnte ganz anders aussehen, wieso ist es wie es ist und nicht anders? Weil ich ich bin. Ich bin immer genau an dem Punkt, an dem ich sein sollte. Meine Entscheidungen, meine Lebenserfahrung, meine Glaubenssätze, mein Selbstbild haben mich an den jetzigen Punkt gebracht. Doch wir sind immer nur eine Entscheidung davon entfernt, ein anderes Leben zu führen. Was hält uns zurück? Ich bin an nichts gebunden, nur an mich selber. Ich könnte morgen meinen Job und meine Wohnung künden, könnte mir ein One-Way-Ticket kaufen und mein altes Leben verlassen, ein neues beginnen. Als Regisseurin und Autorin meines eigenen Lebens kann ich jederzeit einen Plot-Twist einbauen. So weit geht meine Freiheit. Will ich ein anderes Leben? Ja. Nein. Vielleicht? Im Moment gefällt es mir gerade ganz gut wo ich bin. Doch allein die Gewissheit, jederzeit einen Neustart wagen zu können, befreit und inspiriert mich. Ich würde gerne viele verschiedene Leben ausprobieren, sie wie Kleider anprobieren, eine Weile tragen und ablegen, wenn es mir nicht mehr gefällt. Oftmals sind diejenigen Entscheidungen die besten, die uns am meisten Angst machen, da wir durch sie am meisten wachsen. Wir sollten nicht zulassen, dass die Angst vor Veränderung grösser ist als die Angst davor, unglücklich zu bleiben. Und wenn die Möglichkeit besteht, dass mich eine Sache glücklich machen wird, ist sie es wert, ausprobiert zu werden. Da Glück zu selten und das Leben zu kurz ist. Manchmal muss man etwas wagen. Ansonsten läuft man

Gefahr, sich irgendwann zu fragen, was hätte sein können.

Vor lauter Geschäftigkeit dürfen wir nicht vergessen, unser Leben immer wieder darauf zu überprüfen, ob wir unseren Werten und Visionen entsprechend autonom leben.

Wieso fühle ich nichts? Wenig beeinflusst oder bewegt mich. Oft (wenn mein Apathie-Schalter an ist) frage ich mich, ob ich nicht ein bindungsunfähiger Mensch bin, der allen nur eine Maske vorheuchelt mit Verhaltensweisen, welche ich im Laufe meines Lebens erlernt habe. Wenn jemand weint, gehört es sich, die Person zu trösten. Man soll jemanden im Krankenhaus besuchen, ihm seine Anteilnahme bei einem Verlust ausdrücken, einem Freund zuhören, wenn es ihm schlecht geht. Oft sehe ich menschliche Bindungen aber wie Transaktionen. Ich benutze die Menschen manchmal wie Teetassen, jeder ist auswechselbar und es kommt nicht so sehr auf die individuelle Person an. Oft kostet es mich viel, diese gesellschaftlichen Erwartungen zu erfüllen und es lässt mich dabei völlig kalt. Es kommt nicht aus meinem tiefsten Inneren heraus, ich heuchle Mitgefühl vor und fühle dabei gar nichts, ich tue es, weil es einen sozialen Nutzen für mich hat, um nicht als gefühlskalt zu gelten, um den gesellschaftlichen Erwartungen zu entsprechen. Dabei bin ich nur ausführend, was die Gesellschaft von einem erwartet. Oft bin ich egoistisch und nur meine Bedürfnisse und die meiner Nächsten sind mir wichtig, alles andere erscheint mir irrelevant.

Ich weiss nicht, ob ich ein Gewissen habe. Ich hätte gerne eine übergeordnete Instanz, die mir sagt, ob ich eines habe. Wenn es niemand mitbekommen würde, würde ich mich nicht total asozial und egoistisch verhalten? Und geht es nicht auch allen anderen so? Ich spüre keine Moral in mir. Was müsste passieren, um mein Gewissen, um wahrhaftige Anteilnahme über meine

Nächsten hinausgehend in mir zu wecken? Bin ich selbst die Blockade?

Ich habe auch einen anderen Schalter. Ich habe das Gefühl, ich kann meine zwei Seiten ein- und ausschalten. Es gibt mein wahres Ich und mein apathisches, gefühlskaltes Ich. Wenn ich mich bewusst dazu entschliesse, kann ich mich mit mentaler Anstrengung tatsächlich in andere Menschen hineinfühlen. Das setzt aber voraus, dass ich empathisch sein will, ich nenne es opportune Empathie. Was ist dann meine Motivation, Anteil zu nehmen? Mache ich es aus intrinsischem Antrieb oder wie ein Spiel, ein Experiment, zum Erkenntnisgewinn? Ich bin dazu fähig, mit anderen mitzufühlen. Ich versuche schrittweise, mich in die andere Perspektive einzufühlen, mich in seine komplexe Realität hineinzuversetzen, die ich aber niemals vollständig erfassen kann. Ich frage mich, wie würde ich mich in dieser Situation fühlen, wenn ich alle mir bekannten Faktoren (Glaubenssätze, Erfahrungen, Hoffnungen, Selbstbild, etc.) meines Gegenübers kennen würde? Das mache ich aber nur bei Menschen, die mir etwas bedeuten und mir diese mentale Anstrengung wert sind.

Wieso muss alles einen Nutzen oder Zweck haben? Früher wollte auch ich das Maximum aus mir herausrausholen. Mein Selbstbild entsprach jenem einer Hyperleistungsfähigen und darauf habe ich mir etwas eingebildet, mich über andere gestellt. Heute weiss ich, dass ich von jedem Menschen etwas lernen kann und jeder Mensch irgendwas weiss und kann, was ich nicht weiss und kann.

Wieso kann ich nicht mal was Unnötiges machen? Etwas, das nicht meiner Karriere oder meiner Bildung oder dem Geld dient? Das kann ich mittlerweile, musste es aber lernen. Ich habe stets nur wirtschaftlich gedacht, mir keine vermeintlich unvernünftigen Freuden zugestanden. Einen Film schauen? Zeit- und Potentialverschwendung. Mein genialer Verstand sollte sich doch nicht mit Nonsense beschäftigen, dafür nahm ich mich lange viel zu wichtig. Heute sehe ich es anders. Eigentlich ist es ja auch völlig irrelevant, womit ich meine Zeit verbringe, am Ende spielt es keine Rolle, ob ich mir einen Film anschaue oder mich weiterbilde. Nur worauf ich im Hier und Jetzt Lust habe, ist relevant. Im jetzigen Moment möglichst viel Lust empfinden und Unlust vermeiden. Tätigkeiten, welche in mir Unlust hervorrufen, kann ich anders bewerten oder mit etwas Angenehmem verbinden. Die einzelnen Tage machen es aus, auch wenn ein einzelner Tag unwichtig erscheint. Je näher ein Tag an meinem idealen Tag ist und das an möglichst vielen Tagen, desto glücklicher bin ich insgesamt. Wozu sich selber geisseln und sich keine unvernünftigen Freuden zugestehen? Klar, ich präferiere immer noch ein gutes Buch über einen Film, einfach aus dem Grund, weil Zeit begrenzt ist und ich Prioritäten setzen muss. Aber meine Wahl fällt auf das Buch, weil ich darin mehr Inspiration finde und nicht wegen des wirtschaftlichen Nutzens von mehr Bildung. Das Leben ist immer eine Frage von Prioritäten. Keine Zeit haben gibt es nicht. Es gibt nur, sich keine Zeit nehmen zu wollen. Entweder ist es mir wichtig, dann finde ich einen Weg. Wenn nicht, finde ich eine Ausrede.

Alles was wir tun, tun wir aus Motiven heraus. Wenn ich meine Motive, die sich aus meinen Werten bilden, und meine Wertehierarchie kenne, kann ich herausfinden, warum ich mich für diese und nicht die andere Aktivität entschieden habe. Aus meinen Werten (z.B. Liebe, Wissen, Inspiration) ergeben sich meine Präferenzen und Prioritäten.

ZEIT IST GELD

Warum denke ich in Zeit und Geld? An dieser Denkweise möchte ich noch arbeiten. Fast alle meine Freizeitaktivitäten und Interessen sind irgendwie in meinem Kopf mit einem wirtschaftlichen Nutzen verbunden. Selten tat ich etwas allein aus der Freude an der Aktivität selbst. Das ist natürlich überspitzt ausgedrückt. Aber bei näherer Betrachtung fällt mir auf, dass ich mich bilde, indem ich lese und indem ich Dokumentationen schaue. Ich schaue keine Serien und ganz selten mal einen Film. Wenn ich ins Kino gehe, steht für mich der Wert der gemeinsamen Zeit mit Freunden und nicht der Film im Fokus. Eine Doku bewerte ich höher, weil sie anders als ein Film noch einen Bildungsaspekt hat. Oder interessiert es mich tatsächlich auch mehr und es trifft gar nicht zu, dass ich mir Filme "nicht erlaube"? Es ist wohl eine Mischung aus beidem. Immer davon ausgehend, dass das Leben zu kurz ist und wir Prioritäten setzen müssen, ziehe ich eine Doku immer einem Film vor. Die Werte Bildung und Inspiration stehen hierarchisch über dem Wert Unterhaltung. Ich lese auch kaum Romane, ich lese hauptsächlich philosophische Bücher oder solche zur Selbsterkenntnis. Das dort Erlernte hat wiederum zur Folge, dass ich besser und wohl auch wirtschaftlicher lebe, da dieses Wissen u.a. meiner Karriere dient. Wenn ich mir überlege, nochmal ein Studium anzufangen, ist für meine Entscheidung nicht unwesentlich, ob das Studium für meinen beruflichen Werdegang einen Nutzen hat. So würde ich wohl bei gleichem Interesse für Philosophie und Psychologie jenes Studium wählen, welches mir mit dem geringsten Aufwand den grösstmöglichen Nutzen für mein berufliches Fortkommen bringt. Bislang zögerte ich, eine weitere der sechs Weltsprachen, die ich noch nicht beherrsche (russisch, arabisch und chinesisch) zu lernen, mich für einen Kurs einzuschreiben, weil ich mich dabei frage, ob diese Sprache für meine Karriere ein Plus ist oder nicht. Und wenn ich mir überlege, mit Ballett, einem Musikinstrument oder Gesangsstunden anzufangen, kommt mir der gleiche Gedanke, nämlich die Frage nach dem beruflichen Vorteil. So möchte ich eigentlich nicht denken. Viel lieber würde ich Aktivitäten um deren selbst Willen ausüben und nicht, um ein übergeordnetes Ziel zu erreichen. Daher habe ich nun einen Russischkurs begonnen.

Zeit ist Geld. Ist Sparen gut oder soll ich verschwenderisch leben? Es ist sicherlich gut, zur Sicherheit einen gewissen Betrag auf der Seite zu haben. Geld ist eigentlich an sich ohne Wert. Nur der Wert, den wir mit einer Ausgabe verbinden, ist wichtig. Wenn ich es für Drinks ausgebe, ist der Wert im Hintergrund eine gute Zeit mit Freunden. Doch sparsam zu leben hat schon einen Sinn. Denn Zeit ist Geld und indem wir unnötige Ausgaben verringern, bleibt uns mehr Geld für anderes und wir müssen weniger Zeit aufwenden, um das Geld zu verdienen. Ich lebe minimalistisch und habe wenig Verständnis für unsere Konsumgesellschaft. Ich kaufe lieber gemeinsame Zeit und Erlebnisse. Bevor ich ein Kleidungsstück kaufe, frage ich mich, ob es wirklich notwendig ist. In den letzten Jahren habe ich kaum Kleidung gekauft. Und wenn doch, fragte ich mich, was der dahinterliegende Wert ist, den ich mit dem Kauf verwirklichen würde. Ich habe mir aus Notwendigkeit Winterschuhe gekauft, da ich keine kalten Füsse mag und daher ist der Wert hinter dem Kauf körperliches Wohlbefinden. Ich gebe mein Geld nur für meine Werte aus und begrenze meine Ausgaben auf das Notwendige. Ich wohne zwar minimalistisch. Mit

Sparsamkeit übertreibe ich es in keiner Weise, ich gebe viel Geld aus. Aber für die mir wichtigen Dinge gebe ich es gerne aus. Ein hoher Betrag auf dem Konto nützt mir ja auch nur begrenzt was. Morgen könnte ich tot sein. Ein gutes Zwischenmass finde ich gesund. Auf keinen Fall will ich geizig sein, das ist auch nicht sinnvoll. Denn wer gibt, der kriegt auch meistens zurück. Ich denke, man braucht eine gewisse Summe, um sich den gewünschten Lebensstandard zu finanzieren und einen gewissen Betrag auf dem Konto, um sich sicher zu fühlen. Aber alles was darüber hinausgeht, ist eigentlich überflüssig und 10'000.- mehr oder weniger machen keinen Unterschied in der Zufriedenheit mehr. Darum ist es auch unsinnig, nur des Geldes wegen eine Karriere anzustreben und seine Zeit mit Arbeit zu verschwenden. Man wird am Ende des Lebens wohl nie bereuen, zu wenig gearbeitet zu haben. Ich möchte die Währungen Zeit, Aufmerksamkeit und Energie mindestens mit gleicher Vorsicht wie die Währung Geld behandeln. Sie sind so wertvoll, da sie eben nicht zurückerstattbar sind. Daher müssen wir mit Intention damit umgehen.

Und je länger man an etwas Falschem festhält, desto länger schiebt man das Richtige hinaus. Ich bin überzeugt, dass nichts, das mich erfüllen wird, von mir verlangt, entgegen meinen persönlichen Werten zu handeln. Was im Leben zu mir gehört, wird mich finden. Ich ziehe es an und muss nichts forcieren. Und alles was ich durch Authentizität verliere, war von Anfang an nicht für mich gedacht. Niemand ist es wert, die Verbindung zu mir selbst zu verlieren, um mich mit dieser Person zu verbinden. Was mich meinen inneren Frieden kostet, ist zu teuer. Der Frieden, den ich jetzt habe, ich alles wert, was ich verloren habe.

WHY SO JUDGY?

Jeder soll doch einfach sich selbst sein. Meine Freunde sollen so sein wie sie sind. Ich will nichts anderes als ihr wahres Ich kennenlernen. Sie sollen sich wohl fühlen, sie dürfen bei mir genauso sein und ich akzeptiere ihr wunderbares individuelles Selbst. Ich bemühe mich, jeden Menschen als Feuerball zu sehen. Das Wesentliche in einer Freundschaft ist das gegenseitige Füreinander-Da-Sein, Loyalität, Vertrauen, auf sich zählen können. Der Rest ist mir völlig egal. Ich enthalte mich eines Urteils. Ob sie gut oder schlecht gekleidet sind, ist mir einerlei. Sie können auch mit fettigen Haaren zu mir kommen, sie können dünn oder dick sein. Sie können eine politische Meinung haben, die von meiner abweicht. Sie sollen ihr Leben so führen, wie sie es für richtig halten. Wieso sollte ich darüber urteilen? Ich sehe nicht in ihren Kopf, ich verstehe nicht einmal mein eigenes Unterbewusstsein und Handeln, wie soll ich da wissen, was einen Menschen dazu bringt, sich so oder so zu verhalten, dies oder jenes zu denken. Natürlich interessiert es mich und ich will ihre Perspektive verstehen. Doch meine Meinung zu einem Verhalten oder einem äusserlichen Faktor gebe ich nur kund, wenn ich danach gefragt werde. Man weiss nie, welche Erlebnisse einen Menschen geprägt haben und welchen Rucksack er zu tragen hat, wieso er sich so verhält und nicht anders. Ich finde, wir brauchen mehr Empathie und Verständnis und sollten unseren Mitmenschen offener begegnen. Nicht so streng sein. Wenn ich mich bei kritisierenden und urteilenden Gedanken erwische, erinnere ich mich daran, zu erweichen. Wenn meine Freundin nicht mit dem Rauchen aufhört oder trotz starkem Übergewicht ihre Essgewohnheiten nicht verändern möchte, will und werde ich das nicht beurteilen. Ich kann ihr gleichwohl zu verstehen geben, dass mir ihre Gesundheit am Herzen liegt und ich möchte, dass sie noch lange lebt.

Unser Unterbewusstsein bewertet aber ständig und innert Sekunden. Wir können es gar nicht verhindern. Ich kann mich bestens dabei beobachten. Was können wir dagegen tun? Wir können unsere Gedanken beobachten und hinterfragen. Wenn wir feststellen, dass wir eine Person gerade aufgrund des Äusseren bewertet haben, ihr eine Eigenschaft zugeschrieben haben, obwohl wir rein gar nichts über das Leben dieser Person wissen, sollten wir uns sagen: Ich enthalte mich mangels Informationen eines Urteils, ich sehe nicht in den Kopf dieses Menschen, ich weiss gar nichts. Und wenn es sich um einen Menschen in meinem Umfeld handelt, der sich in einer Weise verhält, die mich irritiert in Bezug auf unsere Beziehung, kann ich stets FRAGEN, wie er das gemeint hat und wie ich sein Verhalten deuten soll. Ich habe keine Lust, Anspielungen oder Verhalten zu interpretieren. Ich mag direkte Kommunikation, das ist die einzige Form der Kommunikation, die ich mir wünsche und die mich interessiert. Indirekte und niederschwellige Kommunikation ist mir lästig und ich wende mich bei wiederholter interpretationswürdiger Kommunikation und ignorierten entsprechenden Hinweisen meinerseits von solchen Personen ab. Das ist mir zu anstrengend.

FREUNDSCHAFT

Welchen Zweck hat dieses Treffen? Ich liebe es, Zeit alleine zu haben und meinen Gedanken nachzuhängen. Damit ich darauf zu Gunsten von einem Treffen, einer Interaktion, verzichte, muss diese für mich wertvoller oder zumindest genauso wertvoll sein, wie wenn ich Zeit mit mir selber verbrächte. Interaktionen sind für mich wertvoll, wenn sie Vertrauen stärken, wenn ich eine andere Perspektive gewinne, wenn sie die freundschaftliche (Feuerball-)Verbindung stärken. Doch nicht alle Freundschaften soll ich pflegen. Wie erkenne ich, welche Freundschaften zu pflegen es sich lohnt?

Was ist Freundschaft? Wir Menschen haben ein evolutionäres Bedürfnis nach Gemeinschaft und Zugehörigkeit. Es war früher für uns überlebenswichtig, dazuzugehören. Die Einzelgänger hatten geringere Lebenschancen. Heute ist es nicht mehr so, aber unser Gehirn hängt nach und ist nach wie vor so programmiert. Doch heutzutage steht das sehr im Spannungsfeld zum Autonomiestreben. Ich pflege viele enge Freundschaften. An einem gewissen Punkt habe ich alle meine Freundschaften in Frage gestellt und genau untersucht. Meine Definition und Vorstellung von Freundschaft sollen mit derjenigen meines Gegenübers korrelieren, sonst sehe ich keine Basis für eine Zukunft. Es irritiert mich, dass wir unsere Vorstellungen von Freundschaft so wenig mit unseren Freunden besprechen, wie wir dies in Liebesbeziehungen tun. Freundschaften sind mindestens genauso wichtig und es lohnt sich, darüber zu sprechen. Wir sollen immer uns selbst sein und uns nicht verstellen, uns so akzeptieren wie wir sind. Wir sollen immer direkt und

ehrlich kommunizieren, wir dürfen den anderen freundlich hinterfragen, ohne dass wir sein Verhalten bewerten
oder ihn kleinmachen. Schlussendlich sollen wir loyal
sein. Loyalität zeigt sich in Momenten, in denen mal nicht
alles gut ist, ich keine Energie zu geben habe. Es ist einfach, mit jemandem befreundet zu sein, dem es immer
gut geht und der immer viel Energie zu geben hat. Es
kommt darauf an, ob man auch noch da ist, wenn diese
Person gerade nicht zu geben hat. Wenn ein Freund gerade den perfekten Abend verbringt und ich ihn anrufe
und sage: „Ich brauche dich jetzt als Freund", würde er
alles stehen und liegen lassen? Würde ich das für ihn
tun? Freundschaft sollte ausgeglichen sein. Bei den
Menschen, für die ich alles stehen und liegen lassen
würde, muss ich mich fragen, ob die Person das Gleiche
für mich machen würde. Wenn ich Zweifel habe, muss
ich das ansprechen oder meine eigene Bereitschaft zur
Loyalität anpassen oder überdenken.
Ich habe ein Freundschaftsinventar erstellt und freue
mich über meine wahren Freundschaften.

Warum macht Freundschaft auch noch Sinn? Abgesehen vom evolutionären Streben nach Zugehörigkeit, dem
Gewinn von anderen Perspektiven und zum netten Zeit-
vertreib in Gesellschaft hat Freundschaft für mich noch
einen anderen Sinn. Wenn die Eltern irgendwann nicht
mehr da sind, braucht man ein stabiles anderweitiges
Netz. Eltern haben einen geschaffen, sie wollten mich in
die Welt setzen, bewusst wollen sie mich in ihrem Leben
haben. Freunde und Geschwister haben nicht nach meiner Existenz gefragt. Gewiss möchten sie mich nicht mis-
sen, aber das klare und bedingungslose Ja zu mir, zu
meinem Leben, erfahre ich sonst nirgends wie in der El-
ternliebe. Auch wenn es unmöglich ist, dass ein Freund
den gleichen Stellenwert erlangt, so lohnt sich

Freundschaft gleichwohl. Denn woran sonst sollen wir uns festhalten, wenn die Eltern einmal nicht mehr da sind?

Was macht Freundschaft, Gemeinschaft aus? Ich verbringe Zeit mit meinen Freunden und meiner Familie, teile Erlebnisse. Man sagt, geteilte Freude ist doppelte Freude. Sie freuen sich mit mir, sie nehmen an meinem Leben Anteil. Sie interessieren sich für mich, sie hören mir zu, sie verstehen mich und ich fühle mich von ihnen gesehen. Sie sind da für mich, wenn ich Hilfe brauche. Wenn ich Rat suche, schenken sie mir ihre Perspektive und spiegeln mich. Andersrum kann ich an ihrem Leben teilhaben, ich gewinne eine andere Perspektive, indem ich mich in sie hineinversetze, sie geben mir ein Puzzleteil. Ich kann ihnen ebenfalls Verständnis schenken, für sie da sein, ihnen helfen, sie beraten, dadurch fühle ich mich gebraucht und nicht unnütz. Liebe geben und Liebe empfangen. Wenn ich einen Freund verliere, weil er stirbt, kann ich all dies nicht mehr. Ich kann keine Zeit mehr mit der Person verbringen, ich lerne nichts Neues über den Menschen, er kann mir nicht mehr helfen, nicht mehr beistehen, mich nicht mehr beraten, wir können keine gemeinsamen Erinnerungen mehr schaffen. Wie gehe ich also mit dem Verlust eines Freundes oder eines Familienmitglieds um? Ich kann mich an dem festhalten, was wir zusammen geteilt und erlebt haben, ich kann dankbar dafür sein und ich kann zu Lebzeiten versuchen, so viel wie möglich aus der Verbindung zu machen, sie so stark wie möglich zu vertiefen, ein höchstes Niveau an gegenseitigem Verständnis zu schaffen, die Perspektive gänzlich zu erfassen mit allen Aspekten der mir fremden Realität. Ich kann ihn als Meisterwerk, Sonnenaufgang und einzigartiges Wunder sehen, das er ist. Durch dass ich möglichst viel von meinem Gegenüber erfahre, kann ich mir seine Realität vorstellen und mich in sie einfühlen, indem ich seine Erfahrung, seine Glaubenssätze und sein Verhältnis zu sich selber kenne, verstehe ich (oder kann versuchen zu verstehen), wie er die Welt sieht. Und ich kann den Freund umarmen und ihm sagen, dass ich ihn liebe und er einen Unterschied in meinem Leben macht. Ich sollte mit meinen Mitmenschen so sprechen, dass, wären es meine letzten Worte an den Menschen, ich mit diesen Worten zufrieden wäre.

FREUNDSCHAFTEN HINTERFRAGEN

Was will ich überhaupt von meinen Freunden, wenn doch alles in mir liegt und ich mich an nichts binde? Kann man ohne Freunde leben?

Mich interessiert hier vor allem das Spannungsverhältnis zwischen Autonomie und Gemeinschaft, welches jeder Mensch in sich hat. Bei mir ist das Bedürfnis nach Autonomie stark überwiegend und ich gewichte meine Zeit mit mir alleine höher als die Zeit mit jedem anderen Menschen (meine Eltern ausgenommen). Dies aus dem Grund, da ich noch keinen Menschen getroffen habe, der mich mehr inspiriert als ich mich selbst. Auf sozialer Ebene fühle ich mich schnell ausgelaugt. Gewisse Interaktionen leeren mich und meine Batterie und ich muss allein sein, um mich wieder aufzuladen. Trotzdem will ich nicht ohne Freunde leben und ich profitiere ja auch von ihren Perspektiven, lerne von ihnen und fühle mich verbunden, wenn ich mich in sie einfühlen kann, wenn ich einen Unterschied machen kann. Gemeinsame Zeit verbindet. Meistens interessieren mich die alltäglichen Dinge wenig und schon gar nicht möchte ich zuhören, wie über jemand anderen hergezogen wird. Mich interessiert, was einen Menschen bewegt, was ihn fasziniert, worauf er sich freut, welche Hoffnungen und Ängste er hat. Mich interessiert, wie ich unsere Freundschaft intensivieren kann und ich möchte tief tauchen.

Eine andere Frage, die mich beschäftigt ist, wie viel Zeit und Pflege benötigt eine Freundschaft, damit sie erhalten bleibt? Welche Erwartungen sind berechtigt? Für mich persönlich ist es völlig ausreichend, wenn ich meine

Freunde alle paar Monate sehe. Dass viele meiner Freunde sich eine höhere Frequenz wünschen, merke ich daran, dass meistens sie es sind, die mich nach dem nächsten Treffen fragen. Nicht, weil ich sie nicht sehen will, frage ich sie nicht zuerst, ich würde mich dann schon irgendwann melden. Nach einer Woche mit täglichen sozialen Interaktionen fühle ich mich total ausgelaugt, ich muss mich dann in meine innere Festung zurückziehen, um Energie aufzutanken. Darum habe ich mir angewöhnt, mindestens zwei Abende pro Woche für mich zu reservieren, da gibt es keinen Kompromiss. Mit einigen Freunden habe ich ein Gespräch über die Erwartungen in unserer Freundschaft geführt und sie über mein grosses Bedürfnis nach dem Alleinsein informiert. Sie sind mir ausschliesslich mit Verständnis begegnet.

SOCIAL MEDIA

Die sozialen Medien sind wahrlich ein Fluch für mich. Ich wünschte manchmal, es gäbe keine Smartphones. Ich hasse diese ständige Erreichbarkeit, obwohl ich gar nicht ständig erreichbar bin. Manchmal wäre ich am liebsten nie erreichbar. Als sinngerichteter Mensch geht Irrelevantes an mir vorbei, ich blende es aus. Ich stelle täglich meine Push-Notifikationen aus, meine Familie und wichtigsten Freunde ausgenommen, damit meine Aufmerksamkeit nicht gestört wird von irrelevanten Neuigkeiten. Jede Push-Notifikation ist ein Angriff auf unsere Aufmerksamkeit. Gewisse Plattformen nutze ich, um mit Menschen in Verbindung zu bleiben, mit denen ich nicht nahe genug bin, um Nummern auszutauschen. Teilweise inspirieren mich die Erlebnisse meiner Freunde. Belangloses Schreiben ist mir lästig. Genauso Dating. Einerseits möchte ich möglichst wenig Zeit auf den sozialen Medien (Whatsapp inklusive) verbringen. Andererseits möchte ich mit meinen Freunden in Kontakt bleiben. Dieser Widerspruch führt zu einer Zerrissenheit, die es immer wieder von Neuem mit sich selbst auszumachen gilt. Dann sage ich mir, dass angesichts der Bedeutungslosigkeit des Lebens auch egal ist, wenn ich meine Zeit mit Social Media verschwende. Aktuell beantworte ich meine Nachrichten innerhalb von einer Woche und das ist momentan eine gute Balance für mich. Ich selbst bestimme, wann ich die Nachrichten lese und wann ich darauf reagiere.

VERTRAUEN

Was ist Vertrauen? Wie fühlt es sich an? Wenn sich mir jemand öffnet und ich denjenigen aus tiefstem Inneren verstehen kann, schafft das bei mir Vertrauen, wenn ich seine Aussage wahrhaftig glaube und für ehrlich halte. Auch, wenn ich sehe, dass ihm das Öffnen schwerfällt, wenn er mir exklusiv etwas anvertraut, was er nicht jedem preisgeben würde. Mit vertraulichen Informationen über das Innenleben macht man sich verletzlich und angreifbar, der andere könnte es nämlich gegen einen verwenden, man setzt sich aus, der andere könnte einen verurteilen, bewerten, auslachen, blossstellen, etc. Vertrauen ist, sich darauf verlassen, dass ich mit Respekt behandelt werde, dass ich so sein kann wie ich bin und nicht verurteilt oder bewertet werde und dass es nicht gegen mich verwendet oder weitergesagt wird. Vertrauen ist Sich-Verletzlich-Machen, Verstehen und Verstanden-Werden. Vertrauen ist Loyalität, wenn jemand meine Interessen wahrt, auch wenn es in gewissen Situationen seinen eigenen widerspricht.

BLICK MEINER MITMENSCHEN AUF MICH

Wie wirke ich auf andere? Was wollen sie von mir?
Viele Menschen mögen mich. Wieso ist das so? Ich habe
eine lockere und unkomplizierte Einstellung zum Leben,
bin eine gute Zuhörerin, zeige Interesse und aufrichtige
Anteilnahme und den Willen, mein Gegenüber zu verstehen. Ich urteile nicht über sie. Grundsätzlich bin ich zu
jedem Menschen zuerst einmal freundlich, in meinem
Weltverständnis sind wir alle eins und ich begegne jedem
Menschen mit Freundlichkeit und Offenheit. Erst wenn
meine positive Energie auf eine negative Frequenz trifft,
überdenke ich mein Auftreten. Gibt es auch Menschen,
die es nicht verdienen, dass ich freundlich bin und ihnen
zuhöre? Ja und nein. Jeder lebt in seiner eigenen Realität, ich weiss nicht, wieso die Person unfreundlich zu mir
ist, ich nehme es achselzuckend zur Kenntnis, ihre
Gründe gehen mich nichts an. Ich kann Unfreundlichkeit
gut verzeihen, die Menschen werden ihre Gründe haben,
die meistens nichts mit mir persönlich zu tun haben. Ich
kann mich entscheiden, ihnen das nicht übel zu nehmen.
Doch wird meine Freundlichkeit nicht erwidert, wende ich
keine weitere Energie dafür auf und werde neutral. Wenn
mich ein fremder Mann im Zug auf joviale Art zuquatscht,
habe ich nicht das Gefühl, ihm Aufmerksamkeit zu schul-
den. Ich entscheide selbst und kann sagen, tut mir leid,
ich möchte jetzt meine Ruhe. Aufmerksamkeit, Zeit und
Energie sind wertvolle Währungen. Ich haushalte sorg-
fältig mit diesen Ressourcen. Aber lieber bin ich einmal
zu oft freundlich oder höre zu. Vielleicht weicht die Person auf oder ich lerne dabei etwas Neues. Für mein

Unterbewusstsein ist es vorteilhafter, anderen Menschen positiver zu begegnen, dadurch begegne ich auch mir selbst automatisch positiver.

DAS FREUNDETAGEBUCH

Seit über zehn Jahren schon führe ich eine Art Tagebuch oder besser gesagt Tagebücher. In meinen Notes auf dem Handy habe ich verschiedene Notizen, beispielsweise Gedanken, Freunde, Reisen, Karriere, Bücher, Träume, Hinterfragen, etc. In der Freunde-Notiz schreibe ich mir nach einem Treffen jeweils das Wichtigste auf, worum es im Gespräch ging. Wieso tue ich das? Weil ich weiss, wie unser Bewusstsein und Gedächtnis funktionieren. Nach gewisser Zeit erinnern wir uns nur noch an die wesentlichen Punkte. Mir ist es aber wichtig, von der Realität meines Gegenübers möglichst viel zu erfassen und nichts zu verpassen. Vor dem nächsten Treffen lese ich mir oft den letzten Eintrag durch und kann darauf Bezug nehmen. Meine Freunde wissen das und halten mir zum Spass vor, ich lasse sie so dastehen, als würden sie mir nicht zuhören. Tue ich nicht. Ich bin gerne aufmerksam, ich will jeden Freund so vollständig wie möglich erfassen, dann kann ich mich besser in ihn einfühlen. Das klingt vielleicht neurotisch, na und? Es hat auch noch einen guten Nebeneffekt, nämlich den, dass sich mein Gegenüber wertgeschätzt und gehört fühlt.

SICH SELBER VERZEIHEN

Wofür muss ich mir verzeihen? Ich lebe immer gerade den eigenen Möglichkeiten und Einsichten entsprechend. Ich hadere nie mit mir, denn ich weiss, ich wäre vielleicht in dieser konkreten Situation gerne schon weiter in meiner Selbsterkenntnis gewesen, doch wenn ich es jetzt bereue, was bringt es mir? Reue ändert nichts an meiner Lage. Ich versuche ja, mich tagtäglich besser zu verstehen und erkenne auch jeden Tag neue Dinge. Selbsterkenntnis ist ein nie endender Prozess. Ich war halt damals (in welcher Situation auch immer) noch nicht an dem Punkt wie heute. Daher ist es auch verzeihbar, dass ich aufgrund anderer Einsichten anders reagiert und gehandelt habe. Bereits die Erkenntnis ist wertvoll, dass ich heute anders reagieren würde und dann tatsächlich auch anders reagiere. Ich bin im Reinen mit mir selbst.

MITGEFÜHL FÜR VERZEIHEN

Wen muss ich bemitleiden für seine Unvernunft und Unwissenheit? Viele Menschen sind im Hamsterrad, sie erkennen nicht, dass das Leben an ihnen vorbeizieht und sie das Wesentliche verpassen. Es ist eine angstgeleitete Ablenkung davon, was man anerkennen müsste, wenn man einen Gang runter schalten und sein Leben betrachten würde. Viele Menschen kommunizieren nicht direkt, sie sind beeinflusst von gesellschaftlichem Druck, sie sind nicht bei sich selbst. Sie wären viel glücklicher, wenn sie sich selber mehr verwirklichen würden. Sie führen resonanzlose Beziehungen und sind im Egozustand, akzeptieren das Gegenüber nicht bedingungslos, reagieren impulsiv, nicht sachlich. Sie überidentifizieren sich mit Äusserem, sind zu wenig nach innen gerichtet. Ich würde niemals und werde niemandem meine Lebensphilosophie überstülpen. Aber ich muss auch nicht jede Negativität hinnehmen und verzeihen. Verstehen heisst nicht zwingend Verzeihen. Es gibt Grenzen. Wird meine Privatsphäre und körperliche Integrität verletzt bzw. nicht respektiert, stellt das einen Grenzübertritt dar. Ich wende mich von solchen Menschen ab. Wenn Menschen einen so behandeln, als sei man ihnen egal, sollte man ihnen glauben. Rächen muss ich mich nicht. Grausamkeit resultiert oftmals aus Schwäche. Der unfaire Mensch ist bereits genug gestraft, weil er mit sich und seinen Taten leben muss. Seine Existenz oder Nicht-Existenz ist für mich ab einer gewissen Grenzüberschreitung nicht mehr relevant. Das einzige Gefühl, das ich noch mit so einem Menschen verbinde, ist Dankbarkeit. Ich bin dankbar für

die positiven Momente und am dankbarsten für die Lektion, die ich lernen durfte.

DAS GEFÄNGNIS DER OFFENEN ZELLENTÜR

Von welchen Fesseln solltest du dich lösen? Wir befinden uns immer schon mitten im Leben situiert. Leben wir nicht alle in gewissen Fesseln? Wie in einer Gefängniszelle mit offener Tür. Die Gitter sind unser Verstand, die Tür zur Welt steht weit offen. Unsere Gedanken limitieren uns. Wir sind frei, wir können über unsere Zelle, über das System hinausdenken. Wir sind jeden Tag nur eine Entscheidung von einem komplett anderen Leben entfernt. Wieso bleiben wir in der Zelle? Ich kann mich jeden Tag für einen Plot Twist entscheiden, ich führe Regie.

Was sind meine persönlichen Fesseln? Mein Job und das damit einhergehende Prestige? Die Fessel der Identifikation damit, Akademikerin zu sein? Das physische Erscheinungsbild? Und was, wenn ich in einem Job arbeiten würde, der mir und meinen Werten mehr entspricht, ich dafür aber einen Prestigeverlust erleide? Und in einem Job, der weit unter meinem vermeintlichen Potential liegt? Wäre das verschwendetes Potential oder wäre es egal?

In unserem Land machen wir eine Weiterbildung oft nur aus Prestigegründen, arbeiten uns halb zu Tode. So sollte es meiner Meinung nach nicht sein. Klar, es ist ja nicht nur Prestige, sondern oft auch ehrliches Interesse und Wissensgewinn, die Neugierde, Neues zu lernen. Es ist wichtig, seine Motivationen stets kritisch und auf Relevanz für das eigene sinnvolle Leben zu überprüfen. Und schliesslich, sich seiner Freiheit und Eigenverantwortung immer bewusst zu sein.

DER IRRELEVANTE ALLTAG

Mit was beschäftigst du dich im Alltag, das eigentlich aufs ganze Leben gesehen komplett irrelevant ist? Eine Aufgabe im Geschäft, ein Meeting, ein Essen, ob ich ein Tram verpasse, ob ich pünktlich bin, soziale Interaktionen, wenn ich aufgehalten werde bei der Arbeit. Wir leiden viel zu oft mehr im Kopf in Sorge als in Realität. Ich habe im letzten Jahr viel Vertrauen ins Leben bekommen, es fügt sich alles und es gibt für alles eine Lösung. Früher hätte mich der Umzug in eine neue Wohnung gestresst, heute bin ich kaum aus der Ruhe zu bringen. Es hilft sehr, sich zu fragen, was schlimmstenfalls passiert und diese Frage bis zum Schluss weiterzuspielen, bis man am Schluss realisiert, dass es immer eine Lösung für alles gibt und man auch mit diesem Szenario leben könnte. Im schlimmsten Fall stirbt man. Das fände ich auch nicht schlimm. Meistens kommt es ja nicht zum Worst Case.

Neue Möbel, Weihnachtsgeschenke, Organisation von Terminen, Zeitmanagement, wann ich meine Haare wasche, Rechnungen bezahlen, Putzen, Essen vorbereiten, was ich einkaufen soll, wohin ich reisen soll, ob ich etwas kaufen soll oder nicht, Nachrichten beantworten. Wie lächerlich irrelevant ist das bitte alles? Für eine Sekunde ist es relevant, in der nächsten schon nicht mehr. Wie lange ist es relevant? Alles ist vergänglich. Welche Relevanz hat diese Sache noch, nachdem ich sie erledigt habe? Ist diese Sache morgen, in einer Woche, in einem Jahr noch relevant? Welche Relevanz wird die Sache in 20 Jahren haben? Meistens keine, alles verbrennt im Feuer meines inneren Feuerballs.

Jeden Tag ist eigentlich nur relevant, was mich im Inneren berührt und mich berührt nur, was einem meiner Werte entspricht. Der Rest ist völlig egal. Ich frage mich: "Fördert das meine Verbundenheit zu meinen Mitmenschen oder zu mir selber, meine Werte Wissen, Freiheit und Humor?". Wenn nicht, ist es irrelevant.

RELEVANZ: WESENTLICHES VON UNWESENTLICHEM UNTERSCHEIDEN

Memento mori. Oh und bitte nicht dieser moderne, kommerzialisierte Stoizismus.

Wird meine heutige Sorge morgen noch relevant sein? Und in einer Woche? Die meisten Sorgen sind unbegründet und auf das ganze Leben gesehen völlig irrelevant, ich muss daher das Leben nicht so ernst nehmen. Ich schulde niemandem etwas und niemand schuldet mir was, auch nicht das Leben. Ich bin frei und kann tun was ich will. Diese Freiheit beinhaltet auch, etwas nicht zu tun. Ich frage mich stets, was bringt mir das, welchen Wert verwirklicht eine Aktivität, ist sie notwendig? Wenn ich mich aufrege, frage ich mich, wenn ich morgen tot wäre, würde ich mich auch noch aufregen? Wir sind so im Alltag beschäftigt, dass uns das Wesentliche entgeht. In unserer produktiven Geschäftigkeit vergessen und verpassen wir, unser Leben selbst zu entwerfen. Wenn ich negative Gefühle habe, halte ich inne. Morgen ist das völlig irrelevant. Morgen ist das Gefühl vorbei. Woher kommt überhaupt dieses Gefühl? Ist es nicht das Resultat meines körperlichen Befindens, der konkreten Situation, Stimmung? Wie in aller Welt soll ich das ernst nehmen? Vielleicht gibt es echte Sorgen. Ich kenne sie nicht. Und wenn es echte Sorgen gibt, es hängt doch nur davon ab, wie ich eine Situation bewerte, das liegt in meiner Macht und in meiner Verantwortung. Ich entscheide, wie ich darauf reagiere. Handle ich und ändere meine Situation oder fühle ich mich weiterhin als hilfloses Opfer meiner Umstände? Beide Reaktionen sind in Ordnung.

Relevant ist meine Reaktion aber für mein Gefühl, ob ich mich selbstwirksam oder hilflos fühle.

Welchen Zweck verwirklicht diese Aktivität? Ein Beispiel: Ich hasse Kochen, ich will meine wertvolle (plötzlich ist sie wertvoll?) Lebenszeit lieber anders verbringen. Essen hat für mich nur den Zweck, mir Energie zu liefern, damit ich unternehmen kann, was mir Freude macht. Wenn ich könnte, würde ich mich an eine Nahrungssonde anschliessen, die mir sämtliche Nährstoffe liefert, so müsste ich nicht kochen und keine Zeit für die Tätigkeit des Essens verschwenden. Also bereite ich meine Mahlzeiten mit Minimalaufwand zu, so einfach und automatisiert wie möglich. Essen soll meinen Körper nähren, gesund halten, nur gute Nährstoffe liefern, alles andere interessiert mich nicht. Ich geniesse zwar gutes Essen, bin aber anspruchslos und völlig indifferent, ich habe keine Präferenz, die Wahl meiner Speisen erfolgt völlig rational, was die besten Nährstoffe liefert. Und nicht, was am besten schmeckt. Ich habe mich losgelöst von allen Gelüsten und Impulsen, in diesem Bereich habe ich ultimative Gleichgültigkeit erlangt. Das erspart Zeit und Grübeln, was ich essen soll. Ich finde es lästig, lange hin und her zu überlegen.

REISEN

Ich reise mindestens einmal pro Monat in ein fremdes Land. Soll ich wirklich so viel reisen? Wieso reise ich? Reisen gibt mir eine andere Perspektive auf das Leben, denn meine Perspektive ist getrübt durch den Alltag und meine eigene Kultur. Ich bin so privilegiert. Reisen lehrt mich Dankbarkeit, Demut und Bescheidenheit. Zu schätzen was ich habe, es nicht selbstverständlich nehmen, denn andere haben viel weniger. Andere Kulturen verstehen ist auch Wissen, das Leben mit den Augen der dortigen Bevölkerung sehen. Oftmals kommt mir meine Welt und mein Heimatsland so klein vor und die Welt so gross mit unendlichen Möglichkeiten. Das Reisen schafft Abstand vom Alltag und ich habe Zeit zum Denken und Hinterfragen.

Auch bei der Frage, ob ich so viel reisen soll, erkenne ich eine gewisse Amivalenz in mir. Die beiden Werte Wissen und Liebe stehen im Spannungsverhältnis. Wenn ich ständig weg bin, sehe ich meine Familie und Freunde weniger, dafür habe ich mehr von der Zeit, die ich über alles schätze, Zeit mit mir alleine. Das kommt dann auch meinen Mitmenschen zugute, wenn ich von einer Reise aufgeladen und inspiriert zurückkehre.

Wieso gehe ich gerne ins Restaurant? Jemand kocht für mich und macht das Geschirr, ich spare mir Zeit und eine weniger angenehme Aktivität (Kochen). Meistens gehe ich aber aus anderen Gründen auswärts essen. Weniger für das Geschmackserlebnis, das ist eher eine positive Nebenerscheinung. Im Fokus steht für mich vielmehr der soziale Aspekt und die neue Erfahrung, die Inspiration, etwas Neues zu erleben. Ich gehe sehr selten zweimal ins gleiche Restaurant. Die Motivation für Restaurantbesuche ist vor allem auch sozialer Natur. Man trifft seine Freunde zum Essen oder auf einen Drink.

Wieso habe ich diese Frisur? Meine Erfahrung und Gewohnheit haben mich gelehrt, dass ich mir mit diesem Haarschnitt gefalle. Hin- und herüberlegen ist mir lästig. Ich weiss aber, ich könnte mich jederzeit dazu entscheiden, mir eine völlig neue Frisur schneiden oder meine Haare färben zu lassen. Das interessiert mich aber nicht sonderlich, da ich mich hauptsächlich über mein Inneres definiere.

Wieso singe ich gerne? Wenn man singt, ist man total im Jetzt, man geht in der Tätigkeit auf und macht sie nicht wegen eines übergeordneten Zwecks. Womöglich ändert sich auch die Atmung und es gibt einen biologischen Grund, weshalb Singen auf uns befreiend wirkt.

Wieso interessiert mich Mode nicht? Mode hat keine Relevanz für mich, ich definiere mich über mein Inneres.

Wieso mag ich Tiere? Tiere sind unschuldig, sie haben keine Agenda und sind authentisch. Sie verstellen sich nicht, leben im Einklang mit der Natur, sie hören auf ihren

Körper und ihren Instinkt. Wir Menschen können viel von Tieren lernen und uns ein Vorbild an ihnen nehmen.

Wieso mag ich Sprachen? Ich lerne gerne und schnell, Sprachkenntnisse sind ein Stück Wissen der komplexen Welt, ein Stück Verständnis für eine andere Kultur.

Warum mag ich Spaziergänge? Neue Eindrücke wirken inspirierend, Bewegung tut gut, ich mache eine Erfahrung, setze mich dieser aus, lasse die Eindrücke auf mich wirken, öffne mich der Welt. Sie lösen Empfindungen in mir aus, neue Gedanken entstehen.

Wieso kaufe ich Sachen? Um mein Selbstbild zu bekräftigen? Ich kaufe mehr Erlebnisse als materielle Dinge. Wir mögen schöne Kleider, weil unser evolutionäres Hirn auf Ästhetik ausgerichtet ist. Andere Menschen beurteilen uns nach Kleidern. Sie vermitteln Hygiene und Status. Prestige ist für mich relativ irrelevant. Ich kaufe nur, wenn etwas einen übergeordneten Zweck erfüllt oder es mein Leben bequemer macht. Ich habe ein Sofa gekauft, damit ich meine Freunde einladen kann (Wert = Liebe). Ich kaufe nur, was meinen verifizierten Werten entspricht.

WAS IST LIEBE?

Liebe heisst für mich, jemanden komplett zu akzeptieren, so wie er ist und nicht so, wie ich ihn gern hätte. Ich sehe mein Gegenüber als Sonnenuntergang, als Meisterwerk und Wunder. Ich muss nicht alles lieben, was mein Partner tut, aber ich liebe ihn, egal was er tut. Man kann nach meinem Verständnis wohl mehrere Menschen lieben. Die romantische Liebe ist für mich die Hingabe und Entscheidung für eine Person. Ich verspreche, mein Leben mit der Person zu teilen, ich verspreche mich immer meinem Ja entsprechend zu verhalten, nichts kann mich von meinem Ja abbringen. Wir halten uns an unseren „Vertrag". Den Inhalt dieses Vertrags kann jedes Paar selber definieren. Polygame Beziehung? Solange sich jeder an die Regeln hält und durch die Einhaltung dem Partner seinen Respekt zeigt, wer bin ich, um über von der Norm abweichende Beziehungsmodelle zu urteilen?
Eine Beziehung macht für mich nur Sinn, wenn ich mich in der Beziehung inspirierter oder mindestens genauso inspiriert fühle wie allein. Ich muss mein 100%-iges authentisches Selbst sein können, es gibt keinen Platz für Bewertung. In einer auf gegenseitigem Verständnis und Vertrauen beruhenden Beziehung ist m.E. Freiheit genauso möglich wie im Leben als Single. Wenn ich mich verstellen, kämpfen oder mich ständig abgrenzen muss, verkümmert mein Selbst. Ich sehe nicht in den Kopf meines Gegenübers und umgekehrt genauso wenig.
Wir lernen voneinander, schaffen gemeinsame Erinnerungen, lernen uns immer besser kennen, fühlen uns verstanden und gesehen und verstehen und sehen selbst. Meinem Partner schenke ich ein exklusives Ticket in

meine Gedanken- und Gefühlsausstellung, niemandem sonst wird ein so tiefer Einblick gewährt. Diese Verbundenheit durch gegenseitiges Verständnis und Akzeptanz steigert sich mit jedem Tag. Wir sollten uns jeden Tag fragen, ob wir noch gemeinsam weitermachen wollen. Dadurch entscheidet man sich jeden Tag neu für den Partner und macht sich bewusst, dass er und die Verbindung zu ihm nicht selbstverständlich ist. Die Aussage, es werde mit den Jahren langweilig und man habe sich nichts mehr zu sagen, kann ich nicht nachvollziehen. Das wäre so, als würde ich sagen, ich habe in der Welt nichts mehr zu entdecken, ich habe mir selber nichts mehr zu sagen.

TREUE

Ist mir Treue wichtig? Nein, eigentlich nicht. Es kommt doch darauf an, wie man sich behandelt. Jedes Paar legt seinen individuellen «Beziehungsvertrag» fest. Dass ich mich einem Menschen verbunden fühle heisst ja nicht, dass ich mich keinem anderen verbunden fühlen kann. Ich kann mich vielen Menschen verbunden fühlen. Ich verstehe absolut nicht, warum Menschen eifersüchtig sind. Wohl ist es die Verlustangst: Wenn mein Partner die andere Person besser findet als mich, wird er mich verlassen. Eifersucht ist mir lästig, ich stelle es mir anstrengend vor, mich ständig dafür interessieren zu müssen, was mein Partner mit wem macht. In meinem Verständnis von Beziehung sollte jeder sich bestmöglichst entfalten. Und nur weil ich mich auch einem anderen Menschen verbunden fühle, heisst das ja nicht, dass ich mich meinem Partner weniger verbunden fühle. Die eine Verbundenheit schliesst eine andere nicht aus. Ist doch schön, wenn man sich möglichst vielen Menschen verbunden fühlt. Und ich spreche hier nicht von sexueller Treue, das Sexuelle ist ziemlich vernachlässigbar und zweitrangig. Emotionale Nähe und Vertrautheit sind viel intimer und von jemandem verstanden zu werden, schafft ein anderes Level von Intimität. Probleme in einer offenen Beziehung sehe ich vor allem im Zeitmanagement. Wenn ich meinen Partner maximal einmal wöchentlich sehen möchte, liesse sich doch gar keine weitere Beziehung aufrechterhalten. Ich würde also sagen, dass ich in der Theorie eine offene Beziehung führen könnte, ich selbst würde wohl bei einem Partner bleiben, da mir Zweigleisigkeit zu anstrengend und zeitintensiv ist. Das beansprucht zu viel meiner Zeit und Aufmerksamkeit, die ich lieber für anderes und für einen einzigen Partner aufwenden will. Für mich läge der Vorteil der offenen Beziehung also nicht in der Zweigleisigkeit, sondern darin, dass ich mich nicht zu fragen bräuchte, ob mein Partner treu ist oder nicht. Befreiend. Beziehungsweise würde ich nicht aktiv auf die Suche nach jemand anderem gehen, solche Sachen ergeben sich einfach. Der Vorteil im Rahmen einer offenen Beziehung wäre dann, theoretisch die Freiheit zu haben und nicht Rücksicht nehmen zu müssen. Im Verbotenen des Fremdgehens liegt m.E. für viele Menschen der Reiz und wenn die Freiheit besteht, den Reiz auszuleben, vermute ich, würden viele diese Freiheit gar nicht ausleben. Aber psychologisch macht es etwas mit uns, wenn wir wissen, dass es nicht verboten und kein Trennungsgrund ist. Wäre es nicht schade drum, eine Beziehung bei Untreue zu beenden, wenn dies das einzige Problem ist? Ich fände es eine Verschwendung von Potential. Das Wesentliche ist doch, wie man sich behandelt und dass man gegenseitig zueinander Ja sagt, man möchte zusammen das Leben gestalten, Freude und Leid teilen, sich gegenseitig beistehen. Untreue für sich allein ändert ja nichts an der Verbundenheit zum Partner oder am Willen, mit diesem eine stabile Beziehung zu führen.

Klar würde ich mich schon ab einem Partner wundern, der sich jede Woche Zeit für Dates ausserhalb der Beziehung nimmt und etwas Bedenken hätte ich wohl im Zusammenhang mit der Verhütung bzw. sexuell übertragbaren Krankheiten. Aber wenn es bei gelegentlichen Interaktionen bleibt, wieso nicht? Aber ich verstehe auch die Menschen, die sich fragen, wie schwer es eigentlich sein kann, seinen Trieben nicht nachzugehen und Freiheit kann man auch in Hingabe finden. Mit der Hingabe zu einem einzigen Menschen müssen wir uns nicht immer wieder neu entscheiden, das macht frei. Doch erwiesenermassen sind wir Menschen evolutionär nicht zur Monogamie bestimmt und ich würde befürworten, dass der Mensch seiner Biologie entsprechend lebt. Die gesellschaftlichen Gründe für Monogamie, welche früher galten, sind heute so gut wie irrelevant geworden. Ist es nicht absurd zu denken, dass ich nur weil ich in einer Beziehung bin, plötzlich keinen anderen Menschen mehr attraktiv finde? Das ist unmöglich, wieso reden wir es uns gleichwohl ein? Natürlich ist die Attraktivität meiner Mitmenschen weniger relevant und ich reagiere weniger darauf, wenn ich mich in einer Beziehung befinde. Ich habe immer die Wahl, wie ich auf einen Reiz reagiere. Und im «Beziehungsvertrag» sollte man definieren, wie mit solchen Reizen umzugehen ist. Ich hätte keine Probleme damit, sämtliche Reize aus meinem Kopf zu verbannen. Die Frage ist eher, ob mich das monogame Beziehungsmodell überzeugt, ob ich darauf vertraue, dass mein Partner sich an die vereinbarten Abmachungen hält und ob ich aufgrund dieses Vertrauens bereit bin, für meinen Partner meine Autonomie einzuschränken. Sind wir nicht freier, wenn wir uns davon entfesseln? Wenn mein Partner auf einen Reiz reagieren möchte, sagt das ja rein gar nichts über mich oder seine Liebe zu mir aus, sofern er unsere Abmachungen respektiert. Respektiert er unsere Abmachungen nicht und ist er unehrlich, sagt das schon etwas über das Mass an Respekt, den er vor mir hat, aus. Ist man was Treue angeht unehrlich, nimmt man dem Partner die Möglichkeit, selber frei zu entscheiden, ob er unter den ihm neu bekannt gewordenen Umständen die Beziehung zu uns weiterführen will. Was für eine Art Liebe ist das, in der man dem Partner nicht einmal diese Freiheit zugesteht?

Essentiell scheint mir, dass man immer ehrlich über alles spricht. Die Umstände können sich ja auch ändern. Die Bereitschaft, eine offene Beziehung zu führen, kann sich auch ändern, wenn der Partner gerade einen

Schicksalsschlag erlitten hat oder selbst krank wird. In diesem Fall sollte ganz klar das Beistehen im Fokus stehen. Oftmals erklärt sich auch ein Partner bereit zu einer offenen Beziehung allein aus Angst, das Gegenüber zu verlieren. Daher sollte man achtsam sein, seine eigenen Gefühle wahrnehmen und mit dem Partner darüber sprechen.

Ich plädiere dafür, dass man sich auch in einer Beziehung vollkommen frei fühlen sollte. Dem Opportunitätsprinzip gemäss wäre das beste Beziehungsmodell für mich die opportune Treue: Ich suche nicht aktiv nach anderen Partnern, aber wenn es sich ergibt und für mich passt, kann ich es meinem Partner ehrlich kommunizieren und es ist kein Grund für eine Trennung. Das Wesentliche ist doch, dass man immer noch überzeugt ist und sich langfristig binden und hingeben will.

Man sollte sich sowieso jeden Tag fragen: Wollen wir noch weitermachen?

GESELLSCHAFTLICHER BEZIE-
HUNGSDRUCK

Nur weil jeder eine Beziehung hat, muss ich auch eine haben? Eine Beziehung eingehen werde ich nur, wenn ich überzeugt bin, dass mein Leben mit der Person besser oder mindestens genauso gut ist wie alleine. Wenn sie mich mindestens genauso inspiriert wie ich mich selbst und wenn ich zu 100% ich selbst sein kann und nicht bewertet werde. Wenn ich mit dieser Person direkt kommunizieren kann. Machtspiele und Interpretieren sind mir lästig. Mein Partner müsste mein Bedürfnis nach Autonomie akzeptieren, mir meinen gesunden Egoismus nicht übelnehmen und meine Kompromisslosigkeit in vielen Dingen akzeptieren. In gleichem Masse will ich ja auch, dass er sich selbst verwirklicht und sich mir nicht anpasst. Ich will mich für nichts rechtfertigen müssen und werde auch selbst niemanden zur Rechtfertigung auffordern. Er müsste mir vertrauen, mehr als ein geringes Mass an nicht einengender Eifersucht würde ich nicht tolerieren. Meine und seine Selbsterkenntnis stünden nach wie vor im Fokus, zwei freie Menschen entscheiden sich freiwillig dazu, das Leben zu teilen, weil sie sich gegenseitig inspirieren, sich spiegeln und weiterbringen.
Kann man auch ein Leben lang alleine glücklich sein? Ja, ich denke schon. Lieber bleibe ich ein Leben lang allein, statt meine Zeit mir jemandem zu verschwenden, mit dem ich mich verbiege. Mit dieser Zeit könnte ich so viel Wertvolleres anstellen. Da hätte ich lieber meine Ruhe und meinen Frieden. Ich glaube fest, dass einem auch Freundschaft und Familie genügend Verbundenheitsgefühle schenken können. Beziehung ist ein «nice to

have», aber kein «must have», keine Voraussetzung für ein glückliches Leben.

NARZISSMUS ALS HINDERNIS?

Abgesehen davon, dass ich nicht allzu oft inspirierende Männer kennengelernt habe, fragte ich mich, ob ich überhaupt jemand anderes als mich selber lieben kann. Ich denke schon, wenn ich mich bewusst dafür entscheide. In meinen bisherigen Beziehungen fiel es mir immer schwer, mich auf eine Person festzulegen und Vertrauen aufzubauen. Ich wollte den bestmöglichen Partner, alles andere wäre ja nicht gut genug. Am liebsten hätte ich eine Beziehung mit mir selber gehabt, mit meinem männlichen Spiegelbild. Die Person musste in meinen Augen etwas Spezielles sein mit besonderen Fähigkeiten, sonst konnte ich ihr nicht auf Augenhöhe begegnen. So habe ich früher gedacht und das ist falsch und unfair. Mit dieser Einstellung gibt es ja niemals jemanden, der in meinen Augen gut genug ist. Wenn diese hohen Erwartungen nicht erfüllt wurden, dachte ich mir früher, die Person ist nunmal nicht gut genug, ich kann ihr nicht auf Augenhöhe begegnen, ich verdiene etwas Besseres. Heute denke ich anders, denn jeder ist genug. Ich habe meine narzisstischen Anteile und Blockaden erkannt. Heute weiss ich, dass jeder Feuerball einzigartig ist, jeder seine eigene Realität, Interessen und Stärken hat. Ich bin heute lockerer und nicht mehr so hart. Es ist nämlich eine bewusste Entscheidung, mein Gegenüber als Feuerball, Meisterwerk und Sonnenuntergang zu sehen, mich für ihn zu entscheiden und bei dieser Hingabe zu bleiben. Ausserdem sollte man, bevor man andere kritisiert, einmal sich selber betrachten und sich fragen, was man eigentlich selber an den Tisch bringt.

Weil ich das Leben nicht ernst nehme, habe ich früher auch keine Beziehung ernst genommen. Wieso ich die Beziehung heute ernst nehmen würde? Davon ausgehend, dass ich meine Zeit nur in eine langfristige Beziehung investieren möchte, weil ich meine Zeit ja andernfalls verschwenden würde, nähme ich die Beziehung ernst und hätte das übergeordnete Ziel stets vor Augen. Ausserdem erscheint mir das die einzig faire Einstellung gegenüber einem Partner. Ich muss vor mir selbst auf der Hut sein. Welches Ich ist gerade am Ball? Mein manipulatives oder mein wahres Ich? Wenn ich irgendwann wahre Gefühle empfinden und zeigen will, muss ich meinem wahren Ich die Regie überlassen. Und ich muss meine Begeisterungsfähigkeit reaktivieren. Wer kennt es nicht? Zum Schutz vor Verletzung sabotieren wir uns selber, wir finden jemanden toll, reden uns aber das Gegenteil ein. Wir lassen den Luftballon lieber selber platzen, bevor er durch äussere Umstände platzt. Doch meine Schutzmechanismen sind unlogisch und schon lange nicht mehr eine Notwendigkeit. Wenn ich tatsächlich die Ataraxie erreicht habe und von allem losgelöst bin, brauche ich mich nicht mehr zu schützen, ich kann die intensiven Gefühle empfinden. Es kann mir nichts passieren, egal wen oder was ich verliere. Heute bin ich viel begeisterungsfähiger für einen Menschen und lasse dieses Gefühl auch zu. Von Begeisterung zum Verliebtsein bis zur Liebe sind es aber dann doch noch einige Meilen.

TRIEBGESTEUERT

Wieso interpretiere ich das Verlangen nach Sex bei vielen Männern als rein animalischen Trieb, der sie für mich sofort unattraktiv macht? Da ich selber eine starke Selbstkontrolle in Sachen Gedanken, Essen und Leidenschaften habe, mich so sehr in Frage stelle, ist es für mich unverständlich, wie man (in meinen Augen) so triebgesteuert sein kann. Ich versuche, hier nicht zu bewerten. Ich möchte nur sagen, dass es mich abschreckt und meine Bereitschaft erlöscht, mit diesem Menschen zu interagieren. Wahrscheinlich ist es hormonell und daher auch unterbewusst bedingt.

In Beziehungen hatte dieses Thema mich immer wieder mal beschäftigt und negativ beeinflusst, da ich mich nicht authentisch verhalten habe, sondern zu viel Rücksicht auf die Bedürfnisse meines Partners genommen habe. Das ist meine Schuld, ich hatte in meinen Jugendjahren den Glaubenssatz verinnerlicht, dass die Frau zum Dienen da ist. Ich mache das heute anders.

Oftmals kam es mir vor wie ein Tier, dass nicht anders kann, als seinem Instinkt zu folgen. Darum ist für mich jeder Mann, der zu stark auf Sex fokussiert ist, unattraktiv. Ich will hier niemanden bewerten, aber für eine Beziehung käme so jemand für mich nicht in Frage, weil unsere Bedürfnisse nicht korrelieren. Ich will nur Sex haben, wenn ich selber Lust habe und nicht als Gefälligkeit. Ein Mann, der die Qualität der Beziehung an der Sexfrequenz misst, teilt mein Verständnis von Beziehung und meine Werte nicht. Zudem finde ich es irritierend, wenn man kein Einfühlvermögen für die Bedürfnisse des Gegenübers besitzt oder es einem schlichtweg egal ist.

Sex ist ja keine Lebensnotwendigkeit, der biologische Zweck davon ist die Fortpflanzung. Natürlich sind das angenehme Gefühl und die körperliche Nähe ein Antrieb. Was sie sonst noch antreibt, kann ich nicht beurteilen, da ich nicht in andere Köpfe sehe.

Ich habe den Eindruck, dass viele im Sex auch Bestätigung und Anerkennung suchen und finden. Doch diese kann man auch in sich selbst finden. Ausserdem vermittelt uns die Gesellschaft, dass eine gewisse Frequenz gesund oder normal ist. Da muss Frau und Mann sich vom Ego lösen und die Konventionen hinterfragen. Es gibt auch Beziehungen, die ohne Sex sehr gut funktionieren. Liebe und Verbundenheit definieren sich für mich durch viel Wichtigeres und ich habe schon grössere Intimität erlebt durch intellektuelle Verbundenheit.

Und was ist überhaupt Anziehung? Biologisch gesehen finde ich anziehend, wer mir die besten Nachkommen verspricht, also gutaussehende, starke Männer. Entscheidend ist wohl auch meine persönliche Assoziation von gewissen Attributen.

Konkludierend sollte man auch über Sex und die eigenen Bedürfnisse offen und klar kommunizieren, Sex soll ein "nice to have" und keine einforderbare Dienstleistung sein.

MIT VERLETZUNGEN UND BELEI-
DIGUNGEN UMGEHEN

Wenn mich jemand schlecht behandelt, hat das nichts mit mir zu tun, sondern er beleidigt damit sich selbst. Ich nehme das nicht persönlich, es geht mich nichts an, es beeinflusst meinen Selbstwert und mein Selbstbild nicht. Nur ich definiere meinen Selbstwert. Ich kann es wie ein offeriertes Geschenk ablehnen und "Nein danke." sagen. Ich binde mich nicht an eine Kränkung, eine unsachliche Bewertung, ich binde mich nur an mich selbst. Ich lasse diese Negativität nicht in mein Leben und schenke dem keine Aufmerksamkeit. Ich erlaube niemandem, mit seinen schmutzigen Schuhen durch meine Gedanken zu wandern. Ich werde mich auch nicht rächen, das verschwendet nur meine Energie, Aufmerksamkeit und Zeit, die ich stattdessen in etwas Positives investieren könnte. Der Gedanke reicht für mich vollkommen aus, dass dieser Mensch mit sich selber und seinem verkümmerten Charakter leben muss und wenn ich ein Gefühl für ihn übrig hätte, wäre das Mitleid. Doch seine Existenz ist für mich völlig bedeutungslos. Zwar können wir uns daran stören, wie gross sich der Dumme selber lobt, doch betrifft es uns überhaupt? Können wir mit toxischen Menschen nicht toleranter umgehen? Wir könnten Bösartigkeit als ein Defizit des Verstands sehen und ihm Einsicht und Heilung wünschen.

ANDERE MEINUNGEN

Viele Menschen fühlen sich durch eine andere Meinung angegriffen. Mehr als eine Stunde will ich mir keine Talk-show ansehen, in der sich Menschen nicht ausreden lassen und ständig ins Wort fallen, in der Menschen nicht zuhören, sondern warten, bis sie ihre Argumente bringen können. Dabei verkennen sie einerseits, dass sie durch das Wiederholen ihrer eigenen Meinung nichts Neues lernen, zweitens, dass sie ihrem Gegenüber nicht ehrlich zuhören und die Diskussion dadurch an Qualität verliert, weil nicht wahrhaftig auf die Gegenargumente eingegangen wird. Und drittens verpassen sie dadurch die Chance, ihre eigene Meinung zu hinterfragen. Ich empfehle Zurückhaltung und aufrichtiges Zuhören in jedem Gespräch. Viel zu oft hören wir zu und warten nur, bis wir antworten können und nicht mit der Intention, das Gegenüber zu verstehen. Wir hören, aber hören nicht zu. Wir schauen, aber sehen nicht. Wieso sollte eine andere Meinung mich angreifen oder negativ beeinflussen? Jeder darf und soll doch denken, was er für richtig hält. Problematisch wird es ja erst, wenn das andere Denken mich in meinem Leben und meiner Freiheit negativ beeinflusst. Ich sehe nur in meinen Kopf und mein Kopf ist voller Verzerrungen des Verstandes. Ich kann in keinen anderen Kopf sehen. Daher anerkenne ich bei einer anderen Meinung, dass dieser Mensch irgendwie zu seinen Überzeugungen gelangt ist und ich müsste ihn so gut wie mich selber kennen, damit ich seine Gründe überhaupt nur im Ansatz verstehen könnte. Im Übrigen wird es doch erst richtig spannend, wenn jemand nicht meiner Meinung ist. Ich ziehe die Widerlegung der Schmeichelei vor.

Erst dann kann ich prüfen, wie ich zu seinen Argumenten und Überzeugungen stehe und lerne dabei etwas über mich und seine Perspektive, ich sammle ein Puzzlestück. Ich bin immer offen und sehr bereit, meine Meinung zu hinterfragen, sie zu ändern oder einen anderen Blickwinkel einzunehmen. Ist doch gut, wenn ich mich getäuscht habe und eines Besseren belehrt wurde, ich habe dadurch Wissen gewonnen und bin meinem Gegenüber dankbar. Schliesslich bin ich an der Wahrheit und Selbsterkenntnis interessiert und nicht daran, recht zu haben. Die Wahrheit verletzt nicht. Nach Wahrheit sollten wir streben und unser Ego lösen von der Anerkennung, die einem eine zustimmende Meinung verschafft.

Leider kenne ich nicht viele Menschen, mit denen man eine solche unvoreingenommene Diskussion haben kann. Es klingt vielleicht herablassend, aber mit wenigen Menschen lohnt sich ein solches Streitgespräch. Die meisten sind zu sehr identifiziert mit ihrem Ego und können sich nicht darauf einlassen. Das ist schade. Aus diesem Grund bin ich am liebsten alleine, wenige Interaktionen inspirieren mich mehr als die Diskussion mit mir selber.

Wir sollen lernen, besser zuzuhören und nicht warten, bis wir an der Reihe mit Sprechen sind. Wenn ich spreche, wiederhole ich nur, was ich bereits weiss. Dabei lerne ich nichts. Erst wenn ich wahrhaftig zuhöre mit ungeteilter Aufmerksamkeit, kann ich etwas Neues lernen. Eine andere Meinung ist eine Chance, kein persönlicher Angriff. Richtig interessant wird es doch erst, wenn mich jemand herausfordert, meine eigene Ansicht zu überdenken.

DIREKTE KOMMUNIKATION

Wieso kommunizieren wir nicht direkter? Wir wollen alle nett und kompatibel sein und gemocht werden. Evolutionär brauchen wir die Zugehörigkeit zu einer Gruppe. Es passiert uns heute aber nichts mehr, wenn wir authentisch sind und nicht zustimmen, nein, das ist sogar wertstiftend. Wir wollen Harmonie und das Gegenüber nicht verletzen, möglicherweise spielen wir ein Spiel zu unserem eigenen Vorteil. Ich will die Menschen ermutigen zur klaren und direkten Kommunikation und bei Unklarheit stets fragen, "Wie meinst du das?". Erst dann verstehen wir ansatzweise die Perspektive und Realität des anderen und interpretieren nicht unsere eigenen Mutmassungen hinein. Für mich ist es auch eine Frage der Fairness und des Respekts, dem Gegenüber die Chance zu geben, sich zu erklären, bevor ich ihm meine Interpretation überstülpe. Zwischen dem was gesagt wird, aber nicht gemeint ist und dem, was gesagt wird, aber nicht gemeint ist, in diesem Raum der Missverständnisse geht am meisten Liebe verloren.

SINN IN ARBEIT

Sollte ich einer sinnvolleren Arbeit nachgehen? Welche wäre das? Eine mit Tieren? Kommt der Geldfluss mit einer sinnvollen Tätigkeit automatisch? Strebe ich zu sehr nach Prestige? Mein aktueller Job hat schon mit Prestige zu tun, mein Selbstbild und Ego sind sehr kompatibel damit. Er gibt mir aber auch eine finanzielle Sicherheit. Wer genug verdient, kann sich einen gewissen Luxus oder Lebensstandard leisten und hat mehr Zeit für das Wesentliche. Darum macht es schon Sinn, gut zu verdienen, dann habe ich mehr Zeit und Geld für das Relevante. Schliesslich ginge meine Aufwand- und Ertragsrechnung nicht sehr gut auf, wenn ich nach langjährigem Studium in eine total andere Richtung ginge. Aber wieso eigentlich nicht? Ist doch völlig egal, Hauptsache man tut, was einen halbwegs glücklich macht. Mein Ziel ist es, irgendwann in einem Job zu arbeiten, auf den ich mich am Morgen freue und der sich nicht wie Arbeit anfühlt. Das wäre wohl ein Job, in dem ich mich mit Dingen beschäftige, für die ich aktuell meine Freizeit aufwende. In meinem Fall wäre das Bewusstseinsforschung, Philosophie oder Psychologie. Ich will das Bewusstsein verstehen. Doch ich habe noch viel Leben vor mir und ich werde noch in vielen Stellen arbeiten, keine Eile. Ich kann vieles ausprobieren. Ich muss nur die Selbstverantwortung übernehmen, etwas zu ändern, wenn ich in meinem Job nichts Neues mehr lernen sollte. Und mich selbst gut genug kennen, um überhaupt analysieren und entscheiden zu können, was meine nächsten Schritte sind. Und dann ins Handeln kommen. Denn was man nicht ändert, wählt man. Wenn ich mich unstet und unruhig in meiner

Lebenssituation fühle, weiss ich, ich bin zu was anderem bestimmt. Dann muss ich mich bewegen. Schliesslich bin ich kein unbeweglicher Baum.

UNSER SYSTEM, UNSER GEFÄNG-NIS?

Wie kann ich aus dem kapitalistischen System ausbrechen? Wie finde ich mehr Erfüllung? Eigentlich ganz einfach: Indem ich mehr Zeit damit verbringe, was mich im Herzen berührt. Oftmals fühlen wir uns ausgelaugt, weil wir zu sehr entgegen unseren Werten leben und uns zu wenig Zeit für die Dinge im Leben nehmen, die uns wirklich berühren. Zeit ist Geld. Zuerst muss ich über genügend finanzielle Mittel verfügen, welche es mir ermöglichen, weniger oder gar nicht zu arbeiten. Und zweitens muss ich mich von den gesellschaftlichen Normen und meinem Ego lösen. Ich entscheide, wer ich sein will und worüber ich mich definiere und nicht die Leistungsgesellschaft.

Eine weitere Möglichkeit sehe ich darin, alle Kräfte dafür aufzuwenden, einen sinnvolleren Job zu suchen. 42 Stunden pro Woche sind viel Lebenszeit. Wenn ich mich frage, womit ich meine Freizeit verbringe und dann überlege, wie ich diese Freizeitaktivitäten in einen Job integrieren könnte, hätte ich im Job und daher im Leben selber mehr Sinn. Wenn ich mich während der Arbeitszeit mit Dingen beschäftigen darf, die mich ehrlich interessieren und für mich persönlich relevant sind, dann fühlt es sich doch gar nicht mehr so sehr wie Arbeit an. Selbstverständlich waren die Menschen vor 100 Jahren und viele Menschen auch heute noch froh, überhaupt einen Job zu haben, mit dem sie ihre Kinder und sich ernähren konnten. Doch die moderne Arbeitswelt tickt anders. Immer mehr hört man, dass sich Arbeit nicht mehr wie Arbeit anfühlen soll. Berechtigt ist der Anspruch wohl nicht und nur eine geringe Zahl von privilegierten Menschen wird dies verwirklichen können. Aber ab einer gewissen Stellung ist es sicherlich möglich. Und wenn es möglich ist, strebe ich es an. Irgendwann will ich meinen Job so gerne ausüben, dass ich ihn sogar ohne Bezahlung machen würde. Ich will den Job, den ich mir als Millionärin aussuchen würde. Welcher das wäre, weiss ich gar nicht. Ich denke, Richterin, Bewusstseinsforscherin, Philosophin oder Psychiaterin. Wenn ich Menschen wieder zusammenführen kann, die ihre Verbindung zueinander verloren haben, damit sie die Verbindung wiederherstellen können. Wenn ich zu ihrem inneren Frieden oder zu ihren Grundbedürfnissen nach Selbstliebe, Sicherheit und Beziehung beitragen kann. Gleichzeitig würde ich durch eine derartige Beratertätigkeit Einblicke in das Bewusst- und Unterbewusstsein dieser Menschen erhalten und durch diese die Welt besser verstehen, Puzzleteile, Perspektiven sammeln. Bis ich an diesem Punkt bin, versuche ich, meine Einstellung zu meinem jetzigen Job zu ändern. Was ich gerade tue, verdient meine volle Aufmerksamkeit. Ich leere meinen Verstand und eliminiere jegliche Ablenkungen. Ich kann in meinem Job authentisch und kreativ sein, ich erkenne meine Werte darin. Ich kann versuchen, auch darin Selbsterkenntnis zu finden. Mein Ziel ist es, auch in meinem Arbeitsumfeld vollkommen integer zu werden. Ich kann mich und mein Verhalten während der Arbeit selber beobachten.

KULTUR BEEINFLUSST DAS UN-
TERBEWUSSTSEIN

Wie beeinflusst einen Kultur? Und die geopolitischen Interessen meines Landes?

Wenn ich in einem anderen Land geboren worden wäre,
wäre ich heute ein komplett anderer Mensch. Meine El-
tern wären andere Menschen und sie hätten mir andere
Glaubenssätze mitgegeben und mich in einer anderen
Kultur anders erzogen. Ich hätte ganz andere Wertvor-
stellungen. Ich würde die Welt mit anderen Augen sehen.
Meine Umwelt und mein Unterbewusstsein beeinflussen
mich und das muss ich anerkennen. Die geopolitischen
Interessen meines Landes bestimmen, was ich in den
Medien lese. Die Berichterstattung kann von Land zu
Land wesentlich abweichen. Und jeder ist sich doch
selbst der Nächste. So ist es auch bei den Ländern. Jedes Land hat verständlicherweise das Interesse, den
grösstmöglichen Vorteil für sich selbst zu erlangen (und
verkennt dabei, dass es allen am besten geht, wenn es
allen einigermassen gut geht). Und was die Gesellschaft
beschäftigt, beeinflusst wiederum, worüber wir abstim-
men. In einem anderen Land hätten wir ganz andere
Probleme und politische Diskussionen. Wir Menschen
funktionieren so, dass uns etwas mehr beschäftigt, wenn
wir selbst davon betroffen sind. Nur durch einen persönlichen Bezug habe ich das Gefühl, dass es mich etwas
angeht.

Wie weit geht unsere Pflicht, um das Wohl von anderen
Menschen/Ländern besorgt zu sein? Soll ich mich für den
Klimawandel verantwortlich fühlen, wenn ich keine Kin-
der haben werde und der Welt nichts hinterlasse? Wieso

fühlen wir uns für die Kinder im eigenen Land verantwortlicher als für Kinder auf einem anderen Kontinent? Es liegt wohl an der Nähe zum Thema. Wenn es meinen Alltag und die Gesellschaft, in der ich lebe, nicht beeinflusst, ist es für mich weniger relevant. Wir haben einfach das Glück, in einem privilegierten Land auf die Welt gekommen zu sein. Geleistet haben wir dafür gar nichts. Es gibt keine absolute Gleichheit in der Welt und ich fühle mich nicht verantwortlich, das Leben ist nicht fair. Damit mache ich es mir einfach. Ich kann aber absolut nachvollziehen und stimme, wenn ich wirklich ehrlich bin, zu, dass eine weniger auf wirtschaftliches Wachstum und die individuellen Interessen ausgerichtete Welt und Politik das Leben aller Menschen verbessern würde. Es ist aber immer eine balancierende Waage, damit es jemand anderem besser geht, muss ich verzichten. Die Frage ist, ob wir zum Verzicht bereit sind. Viele antworten bejahend, ich nehme es aber kaum jemandem ab, wenn ich mir sein Handeln ansehe. Wer die Welt verändern will, sollte bei sich selbst anfangen. Und dazu sind die wenigsten bereit. Ich stehe wenigstens dazu, dass ich mich trotz meiner privilegierten Situation nicht besonders weltverantwortlich fühle. Welchen Unterschied würde es machen, wenn ich mich verantwortlich fühlte?

Die Kultur, in der wir aufwachsen, beeinflusst uns unterbewusst. Wäre ich in einem anderen Land geboren mit weniger Privilegien, sähe mein Leben und meine Welt komplett anders aus. Das sollten wir anerkennen und uns immer wieder vor Augen führen.

DAS GEMEINWOHL

Wenn nur legitim wäre, was dem Gemeinwohl dient, was würde sich ändern in der Politik und Gesellschaft? Und ich spreche hier nicht vom Kommunismus. Will der Mensch nicht, dass es möglichst allen Menschen auf der Welt möglichst gut geht? Sollten wir dann nicht unser Handeln an diesem Wert (und nicht am Geld) ausrichten? Geld regiert die Welt. Wenn man die Welt verstehen will, sollte man dem Geldfluss folgen. Was, wenn wir den Wohlstand eines Landes nicht mehr am BIP messen würden, sondern daran, wie es den ärmsten Menschen der Gesellschaft geht? Wie können wir die schrecklichen Arbeitsbedingungen in Entwicklungsländern akzeptieren, nur weil wir damit Produktionskosten verringern, Geld maximieren, weil wir damit weniger für unsere Konsumgüter bezahlen müssen? Das verdrängen wir gekonnt (ich ja auch). Müssen wir wirklich so viel konsumieren? Unsere Wirtschaft müsste man gründlich reformieren, immer davon ausgehend, dass wir privilegierter als andere sind und für unsere Privilegien nichts geleistet haben. Wir hatten nur Glück. Wir sollen uns daher nicht überlegen fühlen, bescheidener sein und offener auf andere zugehen. Wäre ich bereit, das Dreifache für einen Pullover zu bezahlen, wenn ich damit verhindere, dass ein Kind in Bangladesch arbeiten muss? Die direkten Folgen unseres Handelns sind für uns nicht greifbar. Doch Handeln hat immer Konsequenzen. Vielleicht sollten wir uns diese direkten und indirekten Konsequenzen bewusster vor Augen führen. Wenn es nur ein Pullover ist, würde ich auch mehr dafür bezahlen. Ich habe genug Kleidung, ich könnte meinen Kleiderschrank ein Leben lang tragen und kaufe entsprechend selten Neues.

Und natürlich ist es einfacher zu sagen, Chancengleichheit ist eine Illusion und das Leben ist nicht fair, man hat halt einfach Glück oder Pech. Und so denke ich ja irgendwie auch. Aber alle Menschen sollten wenigstens die Grundbedürfnisse erfüllt haben. Es muss nicht jeder exakt gleich viel haben, aber niemand soll verhungern. Denkt man diesen Gedanken konsequent weiter, hätte das auch ein grosses Umdenken in Bezug auf die Flüchtlingsfrage zur Folge. Wir wären dann alle Weltbürger.

PRIVILEGIEN ANERKENNEN

Welchen Anteil habe ich dafür geleistet, um am jetzigen Punkt im Leben zu sein? Wirklich wenig. Angefangen damit, dass ich in einem reichen Land geboren bin, wie viele Menschen haben dieses Privileg? Zweitens, dass ich von meinen Eltern gewollt war, dass sie mich lieben, mich unterstützen, sie haben mir Bildung ermöglicht, ich durfte zur Schule gehen, ich durfte etwas lernen. Meine Eltern sind wunderbare Menschen mit wunderbaren Werten. Klar, niemand ist perfekt. Auf zwei Geschwister kann sich der identische Erziehungsstil ganz anders auswirken. Und alle werdenden Eltern sollten meiner Meinung nach einen Persönlichkeitskurs besuchen, in welchem sie ihre eigenen toxischen Glaubenssätze aufarbeiten, bevor sie Kinder in die Welt setzen, welchen sie diese Glaubenssätze mitgeben. Ich bin meinen Eltern unermesslich dankbar für ihre Erziehung, ihre Liebe und die Werte, welche sie mir mitgaben. Ich hatte viele Freiheiten und durfte mich entfalten, durfte ich selber sein.

Ich kann auch nichts dafür, dass ich intelligent bin und auch mein Aussehen wurde mir in die Wiege gelegt. Wieso sollte ich mir etwas darauf einbilden? Klar, auch von der Gesellschaft tendenziell als "hässlich" klassifizierte Menschen können "mehr aus sich machen", das ist aber immer mit Aufwand verbunden und nicht wie bei von der Gesellschaft als "schön" klassifizierten Menschen, die sind einfach "effortlessly" schön. Ich bin dankbar dafür. Es spart mir viel Zeit. Es wäre interessant zu wissen, wie komplett anders ich behandelt worden wäre, wenn ich weniger attraktiv wäre. Hätte ich die gleichen Freunde? Hätte ich den gleichen Job? Würden mich meine Mitmenschen anders behandeln? Hätte ich die gleichen Beziehungen gehabt? Höchst unwahrscheinlich. Und wenn ich in einem armen Land geboren worden wäre, was würde mir meine Intelligenz und Schönheit nutzen? Wenn als allererstes das Überleben sichergestellt werden muss, hätte mir alle Intelligenz der Welt nichts gebracht und ich wäre arm, teilte das gleiche Schicksal wie die anderen Kinder. Chancengleichheit existiert in der heutigen Welt nicht und ist eine Illusion, wir müssen dies anerkennen. Ich hatte einfach nur Glück. Mein Geburtsort, meine Erziehung und meine Bildung haben mir wiederum neue Türen eröffnet. Bis dahin habe ich also noch gar nichts geleistet. Darum sollen wir bescheiden und dankbar sein. Wir sind so privilegiert.

KONKLUSION

Nach 14 Jahren mit der Depression ziehe ich Bilanz.

Ich habe die ultimative Gelassenheit gefunden, die A-taraxie. Ich kann nur meinen Lieblingsphilosophen Albert Camus zitieren und sagen: «Mitten im Winter habe ich erfahren, dass es in mir einen unbesiegbaren Sommer gibt.»

Ich habe mich in die Symbiose mit mir selbst begeben und fühle mich zutiefst mit mir verbunden. Das Bedürfnis nach Selbsterkenntnis mindert alle anderen Bedürfnisse. Weisheit beginnt mit Neugier und Selbsterkenntnis. Das Geheimnis, alles zu haben ist das Wissen, alles bereits in mir zu haben. Ich bin an nichts gebunden, habe alle Hoffnung losgelassen, alle Schiffe sinken gelassen. Ich schaue, was bleibt.

Für den absurden Menschen ist das Leben wertlos und darin findet er die grösste Freiheit. Alles ist mir gleichgültig. Apathie. Ich muss nichts ernst nehmen und kann alles mit Humor nehmen. Das Leben ist ein Spiel, jeder ist sein eigener Autor. Ich kann und will das Leben nicht ernst nehmen. Aber was auch immer ich in meinem Leben tue, nehme ich ernst.

Nach 14 Jahren weiss ich heute, wie ich leben soll: Autonom, intensiv und kompromisslos authentisch. Ich bin neugierig auf alles und verzaubert von der magischen Welt, ich will sie und mich entschlüsseln. Heute brennt das Feuer in mir heller als das Feuer um mich herum.

Fazit: I don't mind living. Was schert mich die Welt, die mit mir versinken wird?

© 2024 A.A. L.
Verlag: BoD · Books on Demand GmbH,
In de Tarpen 42, 22848 Norderstedt, bod@bod.de
Druck: Libri Plureos GmbH, Friedensallee 273,
22763 Hamburg
ISBN: 978-3-7583-5055-9